KUHARSKA KNJIGA S KORENKAMI

Obvladovanje kuhinje s korenasto zelenjavo s 100 recepti

Marko Zupan

Avtorski material ©2024

Vse pravice pridržane

Nobenega dela te knjige ni dovoljeno uporabljati ali prenašati v kakršni koli obliki ali na kakršen koli način brez ustreznega pisnega soglasja založnika in lastnika avtorskih pravic, razen kratkih citatov, uporabljenih v recenziji. Ta knjiga se ne sme obravnavati kot nadomestilo za zdravniški, pravni ali drug strokovni nasvet.

KAZALO _

KAZALO _ 3
UVOD 8
ZELENA 9
1. SUFLE IZ ZELENE IN SIRA 10
2. JUHA IZ ZELENE IN JABOLK Z ZDROBLJENIMI OREHI ...13
3. SVINJSKI ŠNICEL Z REMULADO ZELENE 15
4. ČESNOVA RIŽOTA S PREPELICO 18
5. KREMNA JUHA IZ ŠKOLJK Z ŽAFRANOM 21
PASTINAK 23
6. KROKETI IZ RJAVEGA RIŽA, MANDLJEV IN ZELENJAVE ..24
7. PURANJA JUHA Z BLITVO IN PASTINAKOM 26
8. BRESKEV IN PASTINAKOVA NAROBE OBRNJENA TORTA ...28
9. GARBANZO PASTINAKOVI NJOKI Z GRANATNIM JABOLKOM 30
10. OCVRTKI IZ PASTINAKA IN KORENJA 33
11. PASTINAKOVA ZIMSKA JUHA 35
RUTABAGA 37
12. BBQ PECIVO 38
13. R UTABAGA KROMPIRJEVA ENOLONČNICA 40
14. GOVEJA ENOLONČNICA S KORENASTO ZELENJAVO ...42
15. PURANJA KLOBASA S KORENASTO ZELENJAVO 44
16. BOGATA MADŽARSKA JUHA Z GOLAŽEM 46
17. AJDOVA PEČENKA S KORENASTO ZELENJAVO 48
18. BRANCIN S PEČENO KORENASTO ZELENJAVO 50

19. MESOJEDA GOVEJA ENOLONČNICA S KORENASTO ZELENJAVO. 52
20. TAPIOKINA JUHA IN JESENSKA ZELENJAVA 55
21. FERMENTIRANA SESEKLJANA SOLATA Z RUTABAGO 57
22. JESENSKA JUHA S PIŠČANCEM IN KORENASTO ZELENJAVO 59
23. JESENSKI FESTIVAL PURANJE JUHE 61
24. JUHA IZ JAGNJETINE IN KORENASTE ZELENJAVE 63
25. JUHA IZ VOLOVSKEGA REPA Z RUTABAGO 65
26. KROMPIRJEVE POLPETE BEGEDIL 67
27. POBIRAJTE ZELENJAVO IN KVINOJO 69
28. KLASIČNI POT-AU-FEU 71
29. SLANINSKI GRIŽLJAJI S SIROM 74
REPA 76
30. ENOLONČNICA IZ REPE IN ČEBULE 77
31. MAGICIAN TURNIP WINE 79
32. DUŠENA REPA ZA ZAHVALNI DAN 82
33. TAJVANSKA JUHA IZ REPNEGA KOLAČA 84
34. MEŠANO ZELENJAVO Z REPNIMI OCVRTI 87
35. KAKIJI & DAIKON TEMAKI 89
36. DAIKON ZVITKI SNEŽNEGA GRAHA 91
REDKVICA 93
37. PEČEN YUZU PIŠČANEC Z JAPONSKO SLANICO 94
38. DUŠENE RIBE 96
39. JAPONSKA RIŽOTA Z GOBAMI 98
40. PEČEN PIŠČANEC S PISTACIJEVIM PESTOM 100
41. VRTNA SVEŽA PICA 102
42. KREMNA JUHA IZ REDKVICE 104

43. ZAČINJENA JUHA IZ REDKVICE IN KORENJA 106
44. REDKEV IN KROMPIRJEVA JUHA 108
45. REDKEV ZELENA JUHA 110
46. OHLAJENA REDKVICA JUHA 112
47. JUHA IZ REDKVICE IN PESE 114
48. REDKEV IN PARADIŽNIKOVA JUHA 116
49. JUHA Z REDKVICO IN KOKOSOVIM CURRYJEM 118
50. REDKEV IN ŠPINAČNA JUHA 120
51. REDKEV IN GOBOVA JUHA 122
52. SOLATA IZ PRAŽENEGA SLADKEGA KROMPIRJA IN PRŠUTA 124
53. SOLATA IZ LUBENICE IN REDKVICE Z MIKROZELENJEM 126
54. IZ MIKROZELENJA IN SNEŽNEGA GRAHA 128
55. MIKROZELENA SPOMLADANSKA SOLATA 130
PESA 132
56. RDEČA PESA Z JAJCI 133
57. PICA ZA ZAJTRK S PESNO SKORJO 135
58. PESIN ČIPS 137
59. PESA IZ KOPRA IN ČESNA 139
60. SOLATA ZA PREDJED IZ PESE 141
61. ČOLNI IZ PESE 143
62. PESNI OCVRTKI 145
63. POLNJENA PESA 147
64. ŠPANSKA SKUŠA NA ŽARU Z JABOLKI IN PESO 149
65. RIŽOTA Z RDEČO PESO 151
66. DRSNIKI PESE Z MIKROZELENJEM 153
67. ŠKAMPI Z AMARANTOM IN KOZJIM SIROM 156

68. POKROVAČE NA ŽARU Z OMAKO IZ SVEŽE PESE 159

SLADKI KROMPIR 161

69. FRITATA IZ SLADKEGA KROMPIRJA IN ŠPINAČE 162

70. SKLEDA ZA ZAJTRK S SLADKIM KROMPIRJEM 164

71. ENOLONČNICA ZA ZAJTRK S SLADKIM KROMPIRJEM IN KLOBASAMI 166

72. PIŠKOTI ZA ZAJTRK IZ SLADKEGA KROMPIRJA 168

73. PONEV ZA ZAJTRK S SLADKIM KROMPIRJEM IN SLANINO 170

74. SKLEDA ZA SMOOTHIE IZ SLADKEGA KROMPIRJA 172

75. BURRITO SKLEDA ZA ZAJTRK S SLADKIM KROMPIRJEM 174

76. CEVICHE PERUANO 176

77. OCVRTKI IZ SLADKEGA KROMPIRJA Z INGVERJEM 178

78. SLADKI KROMPIRJEVI MARSHMALLOW GRIŽLJAJI 180

79. POLNJEN SLADKI KROMPIR 182

80. TEMPURA SLADKI KROMPIR 184

81. PURAN IN TEMPURA IZ SLADKEGA KROMPIRJA 186

82. NACHOS IZ SLADKEGA KROMPIRJA 188

83. ČIPS IZ SLADKEGA KROMPIRJA 190

84. ČIPS IZ SLADKEGA KROMPIRJA S CURRYJEM 192

85. BBQ SLADKI KROMPIRJEVI ČIPSI 194

86. KROGLICE SLADKEGA KROMPIRJA 196

87. PURANJI DRSNIKI S SLADKIM KROMPIRJEM 198

88. TINGA TAKOSI IZ SLADKEGA KROMPIRJA IN KORENJA 200

89. MESNE KROGLICE IZ LEČE IN RIŽA 202

90. ENOLONČNICA IZ SLADKEGA KROMPIRJA MARSHMALLOW 204

91. ENOLONČNICA IZ SLADKEGA KROMPIRJA IZ KORUZNIH KOSMIČEV 206

92. FIŽOL, PROSENA ŠTRUCA S SLADKIM KROMPIRJEM................208
93. NJOKI IZ SLADKEGA KROMPIRJA S PESTOM IZ RUKOLE...........210
94. NJOKI IZ KOSTANJA IN SLADKEGA KROMPIRJA.......................213
95. NJOKI IZ SLADKEGA KROMPIRJA IN KORENJA.........................217
JERUZALEMSKA ARTIČOKA...219
96. VEGETARIJANSKI KARPAČO...220
97. JERUZALEMSKE ARTIČOKE Z GRANATNIM JABOLKOM............222
98. KOKTAJL ARTIČOKE CILANTRO...224
99. PEČEN PIŠČANEC S TOPINAMBURJEM...226
100. LAZANJA IZ ŠPINAČE IN SLADKEGA KROMPIRJA....................228
ZAKLJUČEK...231

UVOD

Dobrodošli v "KUHARSKA KNJIGA S KORENKAMI", vašem izčrpnem vodniku za obvladovanje umetnosti kuhanja korenaste zelenjave s 100 okusnimi recepti. Ta kuharska knjiga je praznovanje raznolikega in hranljivega sveta korenaste zelenjave, ki vas vodi skozi kulinarično popotovanje, ki raziskuje njihove okuse, teksture in vsestranskost. Pridružite se nam, ko se podajamo na kuharsko pustolovščino, ki skromne korenine povzdigne v kulinarično odličnost.

Predstavljajte si mizo, okrašeno z živahno pečeno zelenjavo, krepkimi enolončnicami in ustvarjalnimi jedmi – vse navdihuje zemeljska dobrota korenaste zelenjave. "The I Root Veggies Cookbook" ni le zbirka receptov; gre za raziskovanje prehranskih prednosti, sezonske raznolikosti in kulinaričnih možnosti, ki jih ponuja korenasta zelenjava. Ne glede na to, ali ste izkušen domači kuhar ali šele na začetku svoje kulinarične poti, so ti recepti oblikovani tako, da vas navdihnejo, da kar najbolje izkoristite podzemne zaklade narave.

Od klasične pražene korenaste zelenjave do inovativnih jedi s pastinakom, peso, korenjem in še več, vsak recept je praznovanje zemeljskih okusov in prehranskega bogastva, ki jih koreninska zelenjava prinaša na vašo mizo. Ne glede na to, ali načrtujete družinsko večerjo ali želite popestriti svoje rastlinske jedi, je ta kuharska knjiga vaš glavni vir za obvladovanje umetnosti kuhanja korenaste zelenjave.

Pridružite se nam, ko kopljemo v kulinarični potencial korenaste zelenjave, kjer je vsaka stvaritev dokaz raznolikosti in prilagodljivosti teh podzemnih draguljev. Torej, nadenite si predpasnik, sprejmite naravne dobrote in se podajte na okusno potovanje po "Kuharski knjigi o koreninski zelenjavi."

ZELENA

1.Sufle iz zelene in sira

SESTAVINE:
- 1¾ skodelice zelene, olupljene in narezane na kocke
- 2 jajci proste reje
- ½ skodelice delno posnetega mleka z 2 % maščobe
- 1 žlica koruzne moke
- 4 žlice polmastnega zrelega sira, naribanega
- 2 žlici drobno naribanega parmezana
- ¼ čajne žličke sveže naribanega muškatnega oreščka
- ¼ čajne žličke morske soli, razdeljene
- ¼ čajne žličke sveže mletega črnega popra
- 2 pršila oljčnega olja v spreju

NAVODILA:
a) Pečico segrejte na 170 C Ventilator, 375 F, plinska oznaka 5. Notranjost 2 ognjevarnih ramekinov namastite in ju položite v pekač.
b) Zeleno olupimo in narežemo na krhlje. Dodajte to in ⅛ čajne žličke soli v ponev z vrelo vodo in kuhajte 4-5 minut, dokler se ne zmehča.
c) Zeleno odcedite in pretlačite v sekljalniku do gladkega, nato pa jo prenesite v skledo.
d) Če nimate mini kuhinjskega robota, zeleno preprosto pretlačite v skledi z vilicami do gladkega.
e) Zeleno začinimo s soljo, poprom in sveže naribanim muškatnim oreščkom. Sir naribamo in premešamo.
f) Jajca ločimo, beljake damo v čisto skledo, rumenjake pa damo v skledo z zeleno.
g) Rumenjake penasto umešamo v pire zelene in odstavimo.
h) Koruzno moko razmešamo z mlekom in zmes vlijemo v ponev.
i) Na zmernem ognju segrevajte, ves čas mešajte, dokler se omaka ne zgosti, nato kuhajte še minuto.
j) V omako dodajte 5 žlic mešanice naribanega sira in mešajte, dokler se ne stopi. Naj vas ne skrbi, da je vaša omaka veliko gostejša, kot bi bila omaka za prelivanje, ta gosta omaka je prave konsistence za pripravo sufleja.
k) Zmešajte sirno omako v mešanico zelene.
l) Kotliček postavite na vrenje.

m) S čisto metlico stepamo beljake, da nastane čvrst sneg, vendar ne pretlačimo.
n) Jajčni beljak mora biti čvrst in vrhovi ohraniti svojo obliko, brez ostankov tekočega beljaka.
o) Uporabite lopatico ali kovinsko žlico in dodajte 1 žlico v mešanico zelene, da jo posvetlite.
p) Nato mešanici zelene dodajte polovico preostalega beljaka.
q) Z rahlim dotikom to hitro zložite, prerežite mešanico in jo obračajte, dokler ni vse dobro združeno, a še vedno rahlo in zračno.
r) Ponovite s preostalim stepenim beljakom. Zmes enakomerno vlijemo med pripravljene rampeke in potresemo s preostalim naribanim sirom.
s) Ramekine položite v pekač in previdno nalijte približno 2,5 cm/1" vrele vode v pekač, pri tem pa pazite, da ramekine ne poškropite.
t) Postavite v pečico in pecite 20-25 minut, dokler souffléji dobro vzhajani in zlato rjavi.
u) Postrezite naravnost iz ramekina in takoj pojejte!

2.Juha iz zelene in jabolk z zdrobljenimi orehi

SESTAVINE:
- 1 čebula, olupljena in grobo narezana
- 1 zelena (600–800 g), olupljena in narezana na kocke
- 2 Coxovi jabolki, olupljeni, strženi in grobo narezani
- 2 žlici olivnega olja
- 1 žlica listov timijana
- 1 liter zelenjavne juhe
- Morska sol in sveže mlet črni ali beli poper
- Služiti
- Velika pest orehov, grobo sesekljanih
- Ekstra deviško oljčno olje, za pokapanje

NAVODILA:
a)   Pripravite čebulo, zeleno in jabolka, kot je navedeno.
b)   Veliko ponev postavite na zmeren ogenj in dodajte oljčno olje. Ko se segreje, dodamo čebulo s ščepcem soli in kuhamo 4–5 minut oziroma dokler ni mehka, a ne obarvana.
c)   Dodamo zeleno, jabolka in lističe timijana ter kuhamo 5 minut.
d)   Zalijemo z zelenjavno osnovo in zavremo. Kuhajte še 5 minut ali dokler se zelena ne zmehča.
e)   Ponev odstavimo z ognja in s paličnim mešalnikom dobro zmešamo. Začinite s soljo in poprom, nato poskusite in po potrebi dodajte več začimb.
f)   Prelijte v tople sklede, potresite s sesekljanimi orehi in pred serviranjem pokapajte z ekstra deviškim oljčnim oljem.

3.Svinjski šnicel z remulado zelene

SESTAVINE:
- 2 x 220 g svinjskih kotletov brez kosti
- 50 g navadne moke
- 1 jajce
- 80 g svežih drobtin
- 1 čajna žlička posušenega kopra
- 1 čajna žlička paprike
- Rastlinsko olje, za cvrtje
- Morska sol in sveže mlet črni poper
- Za remulado
- 200 g zelene, olupljene in narezane na julien
- 2 žlici majoneze
- 1 čajna žlička polnozrnate gorčice
- 2 žlici kisle smetane
- 1 žlica drobno sesekljanega ploščatega peteršilja
- Stisnite limonin sok

SLUŽITI
- 2 majhni pesti vodne kreše
- Limonine rezine (neobvezno)

NAVODILA:
a) Z ostrim nožem odrežite maščobo z vsakega svinjskega kotleta. Položite jih med dva kosa folije za živila in jih s kladivom ali valjarjem sploščite na 5 mm debeline.
b) V plitvo skledo stresemo moko, jo začinimo s soljo in poprom ter dobro premešamo. V drugi plitki skledi rahlo stepite jajce. V tretjo plitvo skledo damo drobtine in jim primešamo koper in papriko. Kotlete začinimo z obeh strani, nato pa vsakega najprej potresemo z moko, nato z jajcem in nazadnje z drobtinami.
c) Za remulado v večjo skledo damo zeleno, majonezo, gorčico, kislo smetano in peteršilj ter dobro premešamo. Dodamo malo limoninega soka in začinimo po okusu. Dati na stran.
d) V ponvi segrejte 1 cm globoko rastlinsko olje. Ko se segreje, previdno dodamo šnicle in jih na vsaki strani pražimo 2–3 minute. Odcedimo na kuhinjskem papirju.

e) Šnicle postrezite z izdatno žlico remulade, pestjo vodne kreše in rezino limone (če jo uporabljate).

4.Česnova rižota s prepelico

SESTAVINE:
- zelena 1/2 majhne, narezane na 1 cm velike kose
- olivno olje
- česen 1 čebulica, olupljeni strok
- rožmarin 1 vejica
- šalotka 1, drobno narezana
- por 1, na drobno narezan
- listi timijana 1 čajna žlička
- maslo 100g
- riž za rižoto 400 g
- rastlinsko olje
- piščančja juha 1,5 litra
- P ecorino sir 80g, drobno nariban
- ploščati peteršilj majhna pest, sesekljan
- prepelice 4, očiščene in narezane

NAVODILA:
a) Pečico segrejemo na 180C/ventilatorsko 160C/plin 4. Na pekač zložimo na kocke narezano zeleno. Začinimo in pokapljamo z malo rastlinskega olja. Pražimo 15 minut ali dokler se ne zmehčajo in ne porjavijo.
b) Medtem dajte česen, rožmarin in 100 ml olivnega olja v manjšo ponev (tako da je česen potopljen, dodajte več olja, če je potrebno) in rahlo segrevajte 10 minut ali dokler česen ni mehak in rahlo zlate barve.
c) Odstranite in ohladite olje. Ostanke česnovega olja lahko uporabite za kuhanje, vendar jih hranite v hladilniku in porabite v enem tednu.
d) Šalotko, por in timijan popražimo na 50 g masla in 50 ml oljčnega olja. Sezona. Ko je zelenjava mehka, dodajte riž in mešajte, dokler niso vsa zrna obložena.
e) Rahlo segrevajte 1 minuto, da riž razpoka (to omogoča lažjo absorpcijo).
f) Rižoti prilijemo 500 ml jušne osnove in mešamo, da se vsa vpije. Ponovite še 2-krat. To naj bi trajalo približno 20 minut. Če je potrebno, dodajte več zaloge, da dobite kremasto konsistenco.

g) Ko se riž zmehča, odstavimo z ognja, dodamo zeleno, preostanek masla, sir in peteršilj ter začinimo. Pokrijemo s pokrovko in pustimo počivati.

h) Pečico prižgite na 200C/ventilatorsko 180C/plin 6. Segrejte ponev na srednji temperaturi. Prepelice naoljite in začinite, nato pa jih s kožo navzdol za 4 minute položite na rešetko, dokler ne postanejo zlate in zoglenele.

i) Obrnite in kuhajte še 2 minuti. Prenesite v pekač in pražite 10-15 minut, dokler niso pečeni in ne stečejo soka. Počivajte 2 minuti pod folijo. Rižoto razdelimo na tople krožnike.

j) Prepelico vzdolž hrbta razpolovimo in damo na rižoto. S hrbtno stranjo noža zmečkajte konfit česen in ga raztresite po.

5. Kremna juha iz školjk z žafranom

SESTAVINE:
- 750 g (1 lb 10 oz) majhnih školjk, očiščenih
- 4 žlice suhega belega vina
- 50 g (2 oz) masla
- 225 g (8 oz) olupljene zelene, sesekljane
- 125 g (4½ oz) pora, narezanega
- 1 majhen strok česna, sesekljan
- približno 750 ml ribje osnove
- dober ščepec pramenov žafrana
- 175 g (6 oz) v trti zrelih paradižnikov
- 4 žlice crème fraîche

NAVODILA:
a) V srednje veliko ponev dajte školjke in 2 žlici vina. Postavite na močan ogenj in kuhajte 2–3 minute oziroma dokler se školjke ravno ne odprejo.
b) V čisti ponvi raztopimo maslo, dodamo zeleno, por, česen in preostalo vino. Pokrijte in rahlo kuhajte 5 minut.
c) V velik merilni vrč dajte vse, razen zadnje jedilne žlice ali dve tekočine iz školjk in dodajte ribjo osnovo do 900 ml. Dodamo v ponev zelenjave skupaj z žafranom in paradižnikom, pokrijemo in počasi dušimo 30 minut.
d) Pustite, da se juha nekoliko ohladi, nato jo mešajte, dokler ni gladka. Najprej pretlačimo skozi cedilo, nato še enkrat skozi chinois v čisto ponev, ponovno zavremo. Vmešajte crème fraîche in nekaj začimb po okusu.
e) Odstranite ponev z ognja in vanjo vmešajte školjke, da se na kratko segrejejo, vendar ne dovolite, da se kuhajo več, kot so že.

PASTINAK

6.Kroketi iz rjavega riža, mandljev in zelenjave

SESTAVINE:
- 1½ skodelice kratkozrnatega rjavega riža
- 3½ skodelice razmaščene osnove
- 1 čajna žlička soli
- 1 žlica olja
- ½ skodelice mlete zelene
- ¾ skodelice naribanega pastinaka
- ¾ skodelice naribanega sladkega krompirja ali korenja
- ¾ skodelice mlete zelene čebule
- ¼ skodelice praženih in narezanih mandljev
- ½ skodelice popečenih krušnih drobtin
- ⅓ skodelice sesekljanega svežega peteršilja
- 1 žlica sojine omake z zmanjšano vsebnostjo natrija
- 1 jajce, pretepeno

NAVODILA:
a) V srednji ponvi na srednje močnem ognju zavrite rjavi riž, razmaščeno osnovo in sol. Ponev pokrijte in zmanjšajte ogenj na nizko. Riž kuhajte 40 do 45 minut oziroma dokler ne vpije vsa voda. Naj se ohladi.

b) V 10-palčni ponvi s premazom proti prijemanju na srednje močnem ognju zmešajte olje, mleto zeleno, nariban pastinak in nariban sladki krompir ali korenje. Kuhajte in mešajte 3 do 5 minut oziroma dokler se zelenjava ne zmehča, vendar ne porjavi. Dodajte mleto zeleno čebulo in kuhajte še 1 minuto. Odstranite z ognja.

c) V veliki skledi zmešajte dušeno zelenjavo, pražene in narezane mandlje, popečene krušne drobtine, sesekljan svež peteršilj, sojino omako z zmanjšano vsebnostjo natrija, stepeno jajce in kuhan rjavi riž. Vse dobro premešajte, da zagotovite enakomerno porazdelitev.

d) Zmes oblikujte v 3-palčne polpete in jih oblikujte z rokami.

e) Ponev, v kateri smo dušili zelenjavo, operemo in osušimo. Ponev premažite z zelenjavnim razpršilom, ki se ne sprijema, in jo postavite na srednje močan ogenj.

f) Ko je ponev vroča, v ponev dodajte krokete. Pecite 3 do 5 minut na vsaki strani oziroma dokler ne postanejo zlato rjave in hrustljave.

g) Krokete vzemite iz ponve in jih vroče postrezite.

7. Puranja juha z blitvo in pastinakom

SESTAVINE :
- 1 žlica repičnega olja
- 1 funt puranjih beder
- 1 korenček, narezan in sesekljan
- 1 por, sesekljan
- 1 pastinak, sesekljan
- 2 stroka česna, nasekljana
- 1 ½ litra puranje juhe
- Janeževi stroki z 2 zvezdicami
- Morska sol, po okusu
- ¼ čajne žličke mletega črnega popra ali več po okusu
- 1 lovorjev list
- 1 šopek sveže tajske bazilike
- ¼ čajne žličke posušenega kopra
- ½ čajne žličke kurkume v prahu
- 2 skodelici blitve, natrgane na koščke

NAVODILA :
a) Pritisnite gumb "Sauté" in segrejte olje oljne repice. Zdaj rjava puranja bedra 2 do 3 minute na vsaki strani; rezerva.
b) Dodajte kanček puranje juhe, da postrgate morebitne porjavele koščke z dna.
c) Nato dodajte korenček, por, pastinak in česen v instant lonec. Pražimo, dokler se ne zmehčajo.
d) Dodajte preostalo puranje juho, janeževe stroke, sol, črni poper, lovorjev list, tajsko baziliko, koper in kurkumo v prahu.
e) Zavarujte pokrov. Izberite nastavitev "Juha" in kuhajte 30 minut. Ko je kuhanje končano, uporabite naravno sprostitev tlaka; previdno odstranite pokrov.
f) Še vroče vmešamo blitvo, da listi ovenijo. Uživajte!

8. breskev in pastinakova narobe obrnjena torta

SESTAVINE:
- 200 g (odcejene teže) konzerviranih hrušk v soku
- 225 g (odcejena teža) konzerviranih rezin breskev v soku
- 225 g naribanega pastinaka
- 85 g sultanij
- 225 g samovzhajalne moke
- 2 žlički pecilnega praška
- ¼ čajne žličke sode bikarbone
- 2 žlički mešanice začimb
- 100 ml rastlinskega olja
- 3 velika jajca, pretepena
- 1 čajna žlička vanilijevega ekstrakta

NAVODILA:
a) Pečico segrejte na 200°C/180°C ventilator. Okrogel pekač premera 20 cm namastite in obložite s papirjem za peko. Sadje iz pločevinke odcedimo.
b) V skledi z vilicami pretlačimo hruške.
c) Rezine breskev v obliki mlina na veter ali krog razporedite po dnu pekača za torte, med njimi pustite prostor, vendar jih enakomerno porazdelite.
d) V ločeni posodi zmešajte vse preostale sestavine (nariban pastinak, sultanije, samovzhajajočo moko, pecilni prašek, sodo bikarbono, mešanico začimb, rastlinsko olje, stepena jajca in vanilijev izvleček) z leseno žlico pretlačene hruške, dokler ne temeljito premešati.
e) Mešanico z žlico razporedimo po breskvah v modelu za torte, tako da so enakomerno prekrite.
f) Kolač pečemo 35 minut, dokler ne porjavi.
g) Preden torto vzamemo iz pečice, pekač obložimo s peki papirjem.
h) Torto vzamemo iz pečice in jo takoj zvrnemo na obložen pekač, da so breskve zdaj na vrhu torte. Torti odstranimo papir za peko in jo postavimo nazaj v pečico še za 15 minut, da se testo na vrhu popolnoma speče.
i) Odstranite torto iz pečice in pustite, da se ohladi na rešetki, preden jo postrežete.

9. Garbanzo pastinakovi njoki z granatnim jabolkom

SESTAVINE:
- 2 skodelici kuhanega fižola garbanzo (čičerika), odcejenega in opranega
- 1 skodelica kuhanega pastinaka, pretlačenega
- 1 ½ skodelice večnamenske moke
- ¼ skodelice prehranskega kvasa (neobvezno, za dodaten okus)
- 1 čajna žlička soli
- ½ čajne žličke česna v prahu
- ¼ čajne žličke črnega popra
- Olivno olje (za kuhanje)
- Omaka po vaši izbiri (npr. marinara, pesto) za serviranje
- Semena granatnega jabolka (za serviranje)

NAVODILA:
a) V veliki posodi za mešanje zmešajte kuhan fižol garbanzo in pretlačen pastinak. Pretlačite jih skupaj z mešalnikom za krompir ali vilicami, dokler se dobro ne združijo.

b) V skledo dodajte moko, prehranski kvas (če ga uporabljate), sol, česen v prahu in črni poper. Dobro premešajte, da se poveže in oblikuje testo.

c) Čisto površino potresemo z moko in nanjo prestavimo testo za njoke. Testo nežno gnetemo nekaj minut, dokler ne postane gladko in voljno. Pazimo, da ne gnetemo preveč.

d) Testo razdelite na manjše dele. Vzemite en del in ga zvaljajte v dolgo vrv, debelo približno ½ palca. Ponovite s preostalim testom.

e) Z nožem ali namiznim strgalom narežite vrvi na majhne koščke, dolge približno 1 cm. Lahko jih pustite takšne, kot so, ali pa s hrbtno stranjo vilic naredite grebene na vsakem kosu.

f) Velik lonec osoljene vode zavremo. Njoke dodajajte v serijah, pri čemer pazite, da lonec ne bo prenatrpan. Njoke kuhamo približno 2-3 minute oziroma dokler ne priplavajo na površje. Ko plavajo, jih kuhajte še 1 minuto in jih nato odstranite z žlico z režami ali pajkastim cedilom. Ponavljamo, dokler niso vsi njoki kuhani.

g) V ponvi na srednjem ognju segrejte nekaj oljčnega olja. V enem sloju dodamo kuhane njoke in jih kuhamo nekaj minut, da rahlo porjavijo in postanejo hrustljavi. Obrnemo jih in kuhamo še minuto ali dve. Ponovite s preostalimi njoki.

h) Garbanzo pastinakove njoke postrezite vroče z omako po izbiri, kot je marinara ali pesto.

i) Po želji lahko za okras dodate tudi nekaj naribanega parmezana, semena granatnega jabolka in sveža zelišča.

10. Ocvrtki iz pastinaka in korenja

SESTAVINE:
- 225 gramov pastinaka; nariban
- 2 srednje korenje; nariban
- 1 čebula; nariban
- 3 žlice sveže narezanega drobnjaka
- Sol in sveže mlet črni poper
- 2 srednji jajci
- ½ paketa svinjskih klobas
- 100 gramov močnega sira Cheddar
- 40 gramov navadne moke
- 2 žlici sveže sesekljanega peteršilja

NAVODILA:
a) Zmešajte pastinak, korenje, čebulo, drobnjak, začimbe in eno jajce, dokler se dobro ne zmešajo. Razdelite na štiri in sploščite v grobe palačinke.
b) Segrejte večjo ponev in kuhajte klobase 10 minut, občasno jih obrnite, dokler ne zlato porumenijo.
c) Medtem v ponev dodamo palačinke in pražimo 3 minute na vsaki strani, da zlato zarumenijo
d) Preostale sestavine zmešajte v čvrsto pasto in razvaljajte v veliko poleno. Razrežite na štiri.
e) Klobase nasekljamo in razdelimo med ocvrtke. Na vrh vsakega položite rezino sira.
f) Postavite pod predhodno segret žar in kuhajte 5-8 minut, dokler ne zabrunda in se stopi.
g) Takoj postrezite okrašeno z drobnjakom in čatnijem.

11. Pastinakova zimska juha

SESTAVINE:
- 1½ skodelice rumene čebule – tanko narezane
- 1 skodelica zelene – tanko narezane
- 16 unč zelenjavne juhe
- 3 skodelice mlade špinače
- 4 skodelice pastinaka , olupljenega in narezanega na kocke
- 1 žlica kokosovega olja
- ½ skodelice kokosovega mleka

NAVODILA:
a) V veliki ponvi na zmernem ognju pojejte olje in prepražite čebulo in zeleno .
b) Dodamo pastinak in juho ter zavremo.
c) Ogenj zmanjšajte na nizko in pokrijte 20 minut .
d) Dodamo špinačo, dobro premešamo, da se združi, odstavimo z ognja in juho v serijah pretlačimo v mešalniku, dokler ni gladka.
e) Dodajte kokosovo mleko in takoj postrezite.

RUTABAGA

12. Bbq pecivo

SESTAVINE:
- 4 zamrznjene lupine za pite; odmrznjen
- 1¼ funta vlečene svinjine
- 4 zmerni s krompir; narezan na kocke
- 1 velika čebula; narezan na kocke
- ¼ skodelice Rutabaga; narezan na kocke
- 1 korenček narezan na kocke
- ½ žličke žajblja
- ½ žlice timijana
- Sol in poper

NAVODILA:
a) Zmešajte vse sestavine in dajte ¼ v vsako lupino za pito. prekrivajte pecivo čez nadev, da naredite delne pite v obliki lune.
b) Zaprite robove in na vrhu zarežite nekaj majhnih rež.
c) Pečemo na žaru 15 minut.

13. R utabaga krompirjeva enolončnica

SESTAVINE:
- 1 funt puste mlete govedine
- 1 čebula, sesekljana
- 4 stebla zelene, sesekljana
- 3/4 skodelice kečapa
- 7 skodelic vode
- 1/2 skodelice mladega korenja
- 1 majhna rutabaga, sesekljana
- 4 veliki krompirji, narezani
- 1 manjša glava zelja, drobno sesekljana

NAVODILA:
a) V loncu premešajte in kuhajte zeleno, čebulo in hamburger na srednjem ognju, dokler meso ne porjavi. Odcedite dodatno maščobo.
b) Zmešajte krompir, rutabago, mlado korenje, vodo in kečap. zavrite.
c) Dušimo 20 minut na majhnem ognju.
d) Primešamo narezano zelje. Kuhajte, dokler se zelenjava ne zmehča 30-45 minut.

14. Goveja enolončnica s korenasto zelenjavo

SESTAVINE:
- 1 funt puste mlete govedine (90% pusto)
- 1 srednja čebula, sesekljana
- 2 pločevinki (14-1/2 unč vsaka) goveje juhe z zmanjšano vsebnostjo natrija
- 1 srednje velik sladki krompir, olupljen in narezan na kocke
- 1 skodelica narezanega korenja
- 1 skodelica olupljene rutabage na kocke
- 1 skodelica olupljenega pastinaka, narezanega na kocke
- 1 skodelica na kocke narezanega olupljenega krompirja
- 2 žlici paradižnikove paste
- 1 čajna žlička Worcestershire omake
- 1/2 čajne žličke posušenega timijana
- 1/4 čajne žličke soli
- 1/4 čajne žličke popra
- 1 žlica koruznega škroba
- 2 žlici vode

NAVODILA:
a) V velikem kotličku ali nizozemski pečici kuhajte čebulo in govedino na zmernem ognju, dokler ne prenehata rožnato; nato odcedite.
b) Dodajte poper, sol, timijan, Worcestershire omako, paradižnikovo pasto, zelenjavo in juho. Pustimo, da zavre. Nižja toplota; pokrito dušimo 30-40 minut, da se zelenjava zmehča.
c) V majhni skledi zmešajte vodo in koruzni škrob do gladkega; vmešamo v enolončnico. Nastavite na vrenje; kuhamo in mešamo 2 minuti, dokler se ne zgosti.

15. Puranja klobasa s korenasto zelenjavo

SESTAVINE:
- 1 paket (14 unč) prekajene puranje kielbase, narezane na 1/2-palčne kose
- 1 srednja čebula, sesekljana
- 1 skodelica olupljene rutabage na kocke
- 1 skodelica narezanega korenja
- 1 čajna žlička repičnega olja
- 4 skodelice na kocke narezanega olupljenega krompirja
- 1 pločevinka (14-3/4 unč) piščančje juhe z zmanjšano vsebnostjo natrija
- 1 čajna žlička posušenega timijana
- 1/4 žličke naribanega žajblja
- 1/4 čajne žličke popra
- 1 lovorjev list
- 1/2 srednje velike glave zelja, narezanega na 6 rezin
- 1 čajna žlička večnamenske moke
- 1 žlica vode
- 1 žlica mletega svežega peteršilja
- 2 žlički jabolčnega kisa

NAVODILA:
a) Korenje, rutabago, čebulo in klobaso kuhajte v nizozemski pečici z oljem, dokler se čebula ne zmehča ali približno 5 minut. Vanj damo lovorov list, poper, žajbelj, timijan, juho in krompir. zavrite. Na vrh položite rezine zelja. Zmanjšajte ogenj in pokrito dušite, dokler se zelje in krompir ne zmehčata oziroma približno 20 do 25 minut.

b) Zelje previdno prestavimo v plitvo servirno skledo; nato hranite na toplem. Odstranite lovorjev list. Mešajte vodo in moko, dokler ne postaneta

c) gladka; vmešamo v mešanico klobas. Zavremo in med mešanjem kuhamo dokler se ne zgosti oziroma približno 2 minuti. Primešamo kis in peteršilj. Z žlico dodajte na vrh zelja.

16. Bogata madžarska juha z golažem

SESTAVINE:
- 1-1/4 funtov goveje enolončnice, narezane na 1-palčne kocke
- 2 žlici oljčnega olja, razdeljeno
- 4 srednje velike čebule, sesekljane
- 6 strokov česna, mletega
- 2 žlički paprike
- 1/2 čajne žličke kuminih semen, zdrobljenih
- 1/2 čajne žličke popra
- 1/4 čajne žličke kajenskega popra
- 1 čajna žlička mešanice začimb brez soli
- 2 pločevinki (14-1/2 unč vsaka) goveje juhe z zmanjšano vsebnostjo natrija
- 2 skodelici na kocke narezanega olupljenega krompirja
- 2 skodelici narezanega korenja
- 2 skodelici olupljenih rutabagas, narezanih na kocke
- 2 pločevinki (vsaka po 28 unč) narezanih paradižnikov, neodcejenih
- 1 velika sladka rdeča paprika, sesekljana
- 1 skodelica (8 unč) kisle smetane brez maščobe

NAVODILA:
a) V nizozemski pečici na srednjem ognju porjavite goveje meso v 1 žlici olja. Vzemite govedino ven; pustite, da odteče kaplja.
b) Nato v isti ponvi segrejte preostalo olje; pražite česen in čebulo na zmernem ognju, dokler rahlo ne porjavita, 8-10 minut. Dodajte mešanico začimb, kajenski poper, kumino in papriko; kuhamo in mešamo minuto.
c) Goveje meso vrnite v ponev. Dodajte rutabagas, korenje, krompir in juho; zavrite. Nato zmanjšajte toploto; pokrijte in dušite 1 1/2
d) ure ali dokler se meso skoraj ne zmehča in zelenjava ni mehka.
e) Vstavite rdečo papriko in paradižnik; zavrite. Nato zmanjšajte toploto; pokrijte in dušite še 30-40 minut oziroma dokler se meso in zelena ne zmehčata. Uživajte s kislo smetano.

17. Ajdova pečenka s korenasto zelenjavo

SESTAVINE:
- Sprej za kuhanje z oljčnim oljem
- 2 velika krompirja, narezana na kocke
- 2 korenja, narezana na rezine
- 1 manjša rutabaga, narezana na kocke
- 2 stebli zelene, sesekljani
- ½ čajne žličke dimljene paprike
- ¼ skodelice plus 1 žlica oljčnega olja, razdeljeno
- 2 vejici rožmarina
- 1 skodelica ajdovih zdrobov
- 2 skodelici zelenjavne juhe
- 2 stroka česna, nasekljana
- ½ rumene čebule, sesekljane
- 1 čajna žlička soli

NAVODILA:
a) Predgrejte cvrtnik na 380°F. Notranjost enolončnice s prostornino 5 skodelic rahlo premažite z razpršilom za kuhanje z oljčnim oljem. (Oblika enolončnice bo odvisna od velikosti cvrtnika, vendar mora imeti vsaj 5 skodelic.)
b) V veliki skledi premešajte krompir, korenje, rutabago in zeleno s papriko in ¼ skodelice oljčnega olja.
c) Zelenjavno mešanico vlijemo v pripravljeno enolončnico in nanjo potresemo rožmarinove vejice. Pekač postavimo v cvrtnik in pečemo 15 minut.
d) Medtem ko se zelenjava kuha, oplaknemo in odcedimo ajdov zdrob.
e) V srednji ponvi na srednje močnem ognju zmešajte zdrob, zelenjavno juho, česen, čebulo in sol s preostalo 1 žlico olivnega olja. Mešanico zavrite, nato zmanjšajte ogenj na nizko, pokrijte in kuhajte 10 do 12 minut.
f) Odstranite enolončnico iz cvrtnika. Odstranite vejice rožmarina in jih zavrzite. Kuhano ajdo stresemo v posodo z zelenjavo in premešamo, da se poveže. Pokrijte z aluminijasto folijo in pecite dodatnih 15 minut.
g) Pred serviranjem premešamo.

18. Brancin s pečeno korenasto zelenjavo

SESTAVINE:

- 1 korenček, narezan na majhne kocke
- 1 pastinak, narezan na majhne kocke
- 1 rutabaga, narezana na majhne kocke
- ¼ skodelice olivnega olja
- 2 čajni žlički soli, razdeljeni
- 4 fileje brancina
- ½ čajne žličke čebule v prahu
- 2 stroka česna, nasekljana
- 1 limona, narezana, plus dodatne rezine za serviranje

NAVODILA:

a) Predgrejte cvrtnik na 380°F.

b) V majhni skledi premešajte korenček, pastinak in rutabago z oljčnim oljem in 1 čajno žličko soli.

c) Brancina rahlo začinite s preostalo 1 čajno žličko soli in čebulo v prahu, nato pa ga položite v košarico cvrtnika v eni plasti.

d) Česen razporedite po vrhu vsakega fileja, nato pa pokrijte z rezinami limone.

e) Pripravljeno zelenjavo stresemo v košaro okrog in na ribe. Pražimo 15 minut.

f) Po želji postrezite z dodatnimi rezinami limone.

19. Mesojeda goveja enolončnica s korenasto zelenjavo

SESTAVINE:
- 2 lbs goveje enolončnice
- 1/3 skodelice večnamenske moke
- Ščep drobne morske soli
- 3 žlice živalske maščobe
- 3 skodelice goveje juhe razdeljene
- 6 francoskih šalotk olupljenih in prepolovljenih
- 2 majhni čebuli olupljeni, narezani na 8
- 2 stroka česna mleta
- 1 lb rutabage olupljene in narezane na 1-palčne kocke
- 3 srednje velike korenčke olupite in narežite na kovance
- 1 čajna žlička dijonske gorčice

NAVODILA:
a) Pečico segrejte na 275°F.
b) V moko vmešamo 1 čajno žličko drobne morske soli. Po govedini potresemo 4 žlice začinjene moke in govedino temeljito stresemo v moko.
c) Na srednjem ognju stopite 1 žlico živalske maščobe v veliki nizozemski pečici.
d) Dodamo goveje meso in meso povsod zapečemo, vsak kos obračamo s kleščami. Dati na stran.
e) V ponev nalijte približno 1/2 skodelice goveje juhe, da se odstrani glazura; postrgajte po dnu, da dobite vse porjavele koščke. To omako prelijemo čez popečeno govedino.
f) Prestavimo v skledo.
g) V loncu na zmernem ognju stopimo žlico živalske maščobe. Vanjo stresite šalotko in čebulo.
h) Pražite 2 minuti in nato dodajte česen; dodajte rutabago, korenje tudi. Pražite 3-4 minute, dokler se zelenjava po robovih ne zmehča.
i) Preostalo začinjeno moko potresemo po zelenjavi (približno 2 žlici) in dobro premešamo, da se prekrije.
j) Kuhamo približno minuto, nato zalijemo s preostalo govejo osnovo.

k) Vrnite govedino in vse sokove v lonec. Dodajte Dijon. Dobro premešamo. Lonec pokrijemo s tesno prilegajočim pokrovom in postavimo v pečico.

l) Enolončnico počasi dušimo 3 ure. Odstranite pokrov in kuhajte še eno uro. Pustite, da se enolončnica ohladi približno 15 minut, preden jo postrežete.

m) Postrezite s pire krompirjem.

20. Tapiokina juha in jesenska zelenjava

SESTAVINE:
- 3 skodelice zelenjavne juhe
- 1 vejica rožmarina
- 4 listi žajblja
- 1 pomaranča, sok in naribana lupinica
- 1 majhna rutabaga, narezana na julienne
- 3 korenčki, narezani
- 1 sladki krompir, olupljen, prerezan po dolžini in narezan na rezine
- 10 redkvic, narezanih na četrtine
- 2 skodelici (500 ml) sojinega mleka
- 1 čajna žlička (5 ml) karija v prahu
- 1 čajna žlička mletega ingverja
- 1/2 čajne žličke mlete kurkume
- 1/4 skodelice velikih tapiokinih biserov
- 1/2 rdeče čebule, drobno sesekljane
- 1 žlica sesekljanega ploščatega peteršilja
- 1 žlica bučnih semen

NAVODILA:
a) Segrejte zelenjavno juho z rožmarinom, žajbljem in pomarančnim sokom.
b) Zavremo in dodamo rutabago, korenje, sladki krompir in redkev. Kuhajte približno 15 minut. Dati na stran.
c) V drugi kozici segrejte sojino mleko s karijem, ingverjem in kurkumo.
d) Pokuhamo, vanjo stresemo tapioko in na tihem kuhamo 20 minut oziroma dokler tapioka ne postekleni.
e) Juho z zelenjavo segrejemo, odstranimo rožmarin in žajbelj, zadnji trenutek dodamo mešanico tapioke, pomarančno lupinico, čebulo, bučna semena in peteršilj.

21. Fermentirana sesekljana solata z rutabago

SESTAVINE:
- 1 redkev, drobno sesekljana
- ½ majhne čebule, drobno sesekljane
- 1 repa, narezana na ½-palčne koščke
- 1 korenček, narezan na ½-palčne koščke
- 3 majhna jabolka, narezana na ½-palčne koščke
- Peščica zelenega fižola, narezanega na 1-palčne dolžine
- 1 rutabaga, narezana na ½-palčne koščke
- 1 do 2 lista grozdja, listov ohrovta ali druge velike listnate zelenjave (neobvezno)
- 3 žlice nerafinirane drobne morske soli ali 6 žlic nerafinirane grobe morske soli
- 1 liter (ali liter) filtrirane vode

NAVODILA:

a) V srednji skledi zmešajte redkev, čebulo, repo, korenje, jabolka, stročji fižol in rutabago; prenesite v majhno lončko.

b) Liste grozdja ali drugo listnato zelenjavo položite na sesekljane sestavine solate , da jih lažje zadržite pod slanico, in jih obtežite z utežmi, varnimi za hrano, ali kozarcem ali skledo vode.

c) V vrču ali veliki merilni skodelici raztopite sol v vodi in po potrebi premešajte, da se sol raztopi. Solato prelijemo s slanico, pokrijemo s pokrovom ali krpo in pustimo vreti en teden.

d) Odstranite uteži ter odstranite in zavrzite grozdne liste ali drugo listnato zelenjavo. Razporedite v kozarce ali skledo, pokrijte in ohladite, kjer naj solata zdrži šest mesecev do enega leta.

22. Jesenska juha s piščancem in korenasto zelenjavo

SESTAVINE:
- 1 paket pripravljene kremne jušne osnove
- 1 lb piščančjih prsi brez kosti in kože
- ¼ skodelice limoninega soka
- 4 kos. Strok česna, strt
- ¼ skodelice olivnega olja
- 8 oz. Čebula, narezana na kocke
- 8 oz. Sladki krompir, olupljen in narezan na kocke
- 4 oz. Pastinak, olupljen in narezan na kocke
- 4 oz. Korenje, olupljeno in narezano na kocke
- 4 oz. Rutabaga, olupljena in narezana na kocke
- 4 oz. Repa, olupljena in narezana na kocke
- 2 kos. Strok česna, mleto
- 3 skodelice pripravljene piščančje osnove
- ¼ skodelice žajblja, svežega, sesekljanega
- Po potrebi košer sol in mlet poper
- Po potrebi Baby rukola, hitro ocvrta (neobvezno)

NAVODILA:
a) Pripravite kremno jušno osnovo po navodilih na embalaži.
b) Zmešajte piščančje prsi, limonin sok, česen in olivno olje v vrečki z zadrgo in 1 uro marinirajte v hladilniku.
c) Konvekcijsko pečico segrejte na 375 °F. Odcejenega piščanca položite na pekač, obložen s pergamentom, začinite s soljo in poprom. Pecite 12 minut na vsako stran ali dokler notranja temperatura ne doseže 165 °F. Ohladite in povlecite piščanca.
d) V ločenem loncu stopite maslo. Dodamo čebulo, sladki krompir, pastinak, korenje, rutabago in repo. Kuhajte, dokler čebula ne postekleni.
e) Pripravljeno piščančjo osnovo dodajte zelenjavni mešanici, zavrite in zmanjšajte ogenj ter kuhajte, dokler se zelenjava ne zmehča.
f) Dodamo pripravljeno kremno jušno osnovo, olupljen piščanec in narezan žajbelj. Postavite na srednji ogenj in kuhajte, dokler juha ne doseže 165 °F. Počakajte na servis.
g) Začinimo po okusu in po želji okrasimo s hitro ocvrto rukolo.

23.Jesenski festival puranje juhe

SESTAVINE:
- 2,5 oz. maslo
- 12,5 oz. Čebula, bela, narezana na kocke
- 12,5 oz. Pastinak, olupljen, narezan na kocke
- 12,5 oz. Repa, olupljena, narezana na kocke
- 12,5 oz. Rutabagas, olupljene, narezane na kocke
- 12,5 oz. Korenje, olupljeno, narezano na kocke
- 12,5 oz. Sladki krompir, olupljen, narezan na kocke
- 2,5 qts. Turška baza
- 1 kos. Kremna jušna osnova, 25,22 oz. vrečka, pripravljena
- 40 oz. Puranje prsi, pečene, narezane na kocke
- ½ skodelice žajblja, svežega, sesekljanega
- Po potrebi košer sol
- Po potrebi Zmlet poper
- Po potrebi sir Cheddar, nastrgan

NAVODILA:
a) V velikem loncu na srednjem ognju stopite maslo. Čebulo, pastinak, repo, ruto, korenje in sladki krompir pražite 10 minut.
b) Zelenjavni mešanici dodajte puranje meso, zavrite, zmanjšajte ogenj in kuhajte, dokler se zelenjava ne zmehča, približno 20 minut.
c) Dodamo kremno jušno osnovo, purana in žajbelj. Zmešajte, da se združi, pustite vreti 30 minut ali dokler se ne segreje. Okusite in prilagodite začimbe.
d) Okrasite s sirom Cheddar.

24. Juha iz jagnjetine in korenaste zelenjave

SESTAVINE:
- 1 lb jagnječjega obara, narezanega na kocke
- 1 čebula, narezana na kocke
- 2 stroka česna, nasekljana
- 2 skodelici piščančje juhe
- 1 skodelica na kocke narezanega pastinaka
- 1 skodelica na kocke narezane rutabage
- 1 skodelica narezanega korenja
- 1 skodelica narezanega krompirja
- 1 čajna žlička timijan
- Sol in poper
- Olivno olje

NAVODILA:
a) V velikem loncu ali nizozemski pečici segrejte nekaj oljčnega olja na srednje močnem ognju.
b) Dodamo jagnjetino in jo pražimo, da porjavi z vseh strani.
c) Jagnjetino odstranite z žlico z režami in jo postavite na stran.
d) V lonec dodajte čebulo in česen ter kuhajte, dokler se ne zmehčata, približno 5 minut.
e) Dodajte piščančjo juho, pastinak, rutabago, korenje, krompir in timijan ter zavrite.
f) Zmanjšajte ogenj in kuhajte 45-50 minut oziroma dokler se zelenjava ne zmehča.
g) Dodajte jagnjetino nazaj v lonec in kuhajte še 5-10 minut ali dokler se ne segreje.
h) Začinite s soljo in poprom po okusu ter postrezite vroče.

25.Juha iz volovskega repa z rutabago

SESTAVINE:
- 3 ½ funtov volovskih repov
- 3 lovorjevi listi
- 1 steblo zelene, sesekljano
- 2 skodelici zelenega fižola
- 1 rutabaga, narezana na kocke
- 14 unč konzerviranih paradižnikov, narezanih na kocke
- ¼ skodelice gheeja
- 1 vejica timijana
- 1 vejica rožmarina
- 2 por, narezan
- 2 ½ litra vode
- 2 žlici. Limonin sok
- ¼ žličke mletih nageljnovih žbic
- Sol in poper, po okusu

NAVODILA:
a) Stopite ghee v vašem IP na SAUTE.
b) Dodajte volovske repe in kuhajte, dokler ne porjavijo. Tukaj boste morda morali delati v serijah.
c) Zalijemo z vodo in dodamo timijan rožmarin, lovorjev list in nageljnove žbice.
d) Kuhajte na VISOKI 1 uro.
e) Naredite naravno sprostitev pritiska.
f) Meso odstranite iz IP in ga narežite na desko za rezanje.
g) V lonec dodamo rutabago in por ter zapremo pokrov.
h) Kuhajte na VISOKI 5 minut.
i) Dodajte preostalo zelenjavo in kuhajte še 7 minut.
j) Dodamo meso in ponovno zapremo.
k) Kuhajte na VISOKI 2 minuti.
l) Primešajte limonin sok ter začinite s soljo in poprom.
m) Postrezite in uživajte!

26. Krompirjeve polpete Begedil

SESTAVINE:
- Rutabaga
- cvetača
- 2 majhni šalotki
- žlica Mleta govedina
- 1 žlica narezani listi zelene
- 1 žlica sesekljana zelena čebula
- 1/2 žličke Beli poper (ali črni poper)
- 1/4 žličke Sol
- 1 veliko jajce (uporabi se le malo)
- 4 žlice. Kokosovo olje

NAVODILA:
a) Rezina 5 oz. Rutabaga na majhne koščke in prepražimo do rjave barve z 1 žlico. Kokosovo olje.
b) S tolkačem in možnarjem pretlačite ocvrto rutabago do mehkega. Namesto tega uporabite kuhinjski robot. Ko je končano, odstavite.
c) Mikrovalovna pečica 5 oz. Cvetača dokler se ne zmehča in pretlači s pestilom in možnarjem (ali s kuhalnico).
d) Na tanko narežite 2 šalotki. Z majhnim in plitkim vokom (za ustvarjanje globljega olja, vendar se ga porabi le malo) in 1 žlico. Kokosovo olje prepražimo do rjave in hrustljave, vendar ne zažgane. Dati na stran.
e) Z istim oljem prepražimo 4 žlice. Mleta govedina do rjave barve. Začinite s soljo in poprom po okusu.
f) V skledo dodajte pretlačeno rutabago in cvetačo, ocvrto šalotko, kuhano mleto govedino, 1 žlico. vsak list zelene in zelena čebula, 1/2 žličke. Beli poper (ali črni poper) in 1/4 soli. Dobro premešaj.
g) Zajemite približno 1 žlico. zmesi in oblikujte v majhno polpeto. Vsega skupaj sem naredila 10 pleskavic.
h) V drugi posodi razžvrkljamo 1 jajce in premažemo vsako polpetko, vendar ne do konca (vsako naredimo pred cvrtjem).
i) Polpete v serijah prepražimo na kokosovem olju do rjave barve. Uporabil sem 2 žlici. Skupaj za to kokosovo olje (dve seriji, vsak po 1 žlico).
j) Postrežemo z enolončnico ali samostojno

27. Pobirajte zelenjavo in kvinojo

SESTAVINE:
- 1½ skodelice kvinoje
- 4 skodelice vode
- ½ čajne žličke soli
- 1 srednja repa; olupljen in narezan na kocke
- 4 srednje korenje
- 1 majhna rutabaga; olupljen in narezan na kocke
- 1 skodelica olupljene kocke maslene buče
- 1 čajna žlička olivnega olja
- 1 majhna rumena čebula; narezan na kocke
- 1 velik strok česna; mleto
- ¼ skodelice sesekljanih svežih listov žajblja
- Sol in beli poper

NAVODILA:

a) V srednje veliki ponvi zmešajte oprano kvinojo z vodo in soljo. Zavremo, nato pokrito kuhamo, dokler ni kuhano (približno 10 minut). Odcedite, sperite s hladno vodo in odstavite.

b) V velikem loncu z kuhalnikom za zelenjavo zmešajte repo, korenje, rutabago in bučo. Zelenjavo kuhajte na pari 7 do 10 minut ali dokler se ne zmehča

c) V veliki ponvi proti prijemanju na olju pražite čebulo in česen, dokler se čebula ne zmehča, približno 4 minute. Vmešajte liste žajblja in kuhajte, dokler žajbelj rahlo ne porjavi in zadiši, 1 do 2 minuti.

d) V ponev dodajte kvinojo in zelenjavo ter dobro premešajte. Solimo in popramo po okusu, po potrebi segrejemo in vroče postrežemo.

28.Klasični Pot-Au-Feu

SESTAVINE:
- 2 žlici olivnega olja
- ½ čajne žličke črnega popra
- 4 stebla zelene, narezana na kocke
- 4 korenčki, olupljeni in narezani na kocke
- 4 krompirji Yukon Gold, narezani na kocke
- 4½ skodelice vode
- 1 glavica česna, prečno prerezana na pol
- 1¾ čajne žličke košer soli
- 5 vejic svežega timijana
- 2 funta pečenke, brez kosti in obrezane
- 3 lovorjev listi
- 2 pora, po dolžini prepolovljena
- 1 rutabaga, narezana na kocke
- ¼ skodelice crème Fraiche
- 1½ funta govejih reber s kostmi, obrezana
- 2 žlici na tanko narezanega svežega drobnjaka
- Cornichons
- Dijonska gorčica
- Pripravljen hren

NAVODILA:
a) Na zmernem ognju segrejte ponev proti prijemanju. V segreti ponvi na olju pečemo pečenko, ki z vseh strani porjavi, 5 minut.
b) Dobro začinite s soljo in poprom.
c) Premaknite pečenko v 6-litrski počasni kuhalnik.
d) Dodajte rebra v prihranjeno kapljanje v vroči ponvi in kuhajte, da porjavijo z vseh strani, 6 minut.
e) Prenesite rebra v počasen štedilnik, kapljanje pa pustite v ponvi. Dodamo timijan, lovorjev list, česen in vodo pridržanim kapljam v vroči ponvi ter mešamo, da zrahljamo porjavele koščke z dna ponve; vlijemo v Slow Cooker.
f) Počasi kuhamo 5 ur.
g) Zmešajte rutabago, por, zeleno, krompir, korenje in rutabago. Kuhajte počasi, približno 3 ure.
h) zavrzite česen, vejice timijana in lovorjev list.

i) Pečeno narežemo in na servirnem krožniku postrežemo z mesom rebrc, polovičkami pora, zeleno, krompirjem, korenjem in ruto.

j) Prelijemo z želeno količino tekočine za kuhanje in postrežemo s kremo, drobnjakom, kornišoni, dijonsko gorčico, hrenom in preostalo tekočino za kuhanje.

29.Slaninski grižljaji s sirom

SESTAVINE:
- 1/2 funta naribane rutabage
- 4 rezine mesnate slanine, sesekljane
- 7 unč sira Gruyère, nastrganega
- 3 jajca, pretepena
- 3 žlice mandljeve moke
- 1 čajna žlička granuliranega česna
- 1 čajna žlička šalotke v prahu
- Morska sol in mleti črni poper po okusu

NAVODILA:
a) V instant lonec dodajte 1 skodelico vode in kovinski podstavek.
b) Zmešajte vse zgornje sestavine , dokler se vse dobro ne premeša.
c) Mešanico dajte v silikonski pekač za stroke, ki ste ga predhodno namastili s pršilom za kuhanje proti prijemanju. Pladenj pokrijemo z aluminijasto folijo in ga spustimo na podstavek.
d) Zavarujte pokrov. Izberite način »Ročno« in nizek tlak; kuhamo 5 minut. Ko je kuhanje končano, uporabite hitro sprostitev pritiska; previdno odstranite pokrov. Dober apetit!

REPA

30. Enolončnica iz repe in čebule

SESTAVINE:
- 2½ lbs. rumena repa ali rutabagas (približno 8 skodelic narezanih na kocke)
- ⅔ skodelice drobno narezanega mastnega in pustega svežega svinjskega zadnjica ali stranskega mesa; ali 3 JŽ masla ali jedilnega olja
- ⅔ skodelice drobno narezane čebule
- 1 žlica moke
- ¾ skodelice goveje bujone
- ¼ žličke žajblja
- Sol in poper
- 2 do 3 JŽ svežega mletega peteršilja

NAVODILA:
a) Olupite repo, narežite na četrtine in nato na ½-palčne rezine; rezine narežite na ½-palčne trakove, trakove pa na ½-palčne kocke. Vrzite v vrelo slano vodo in kuhajte nepokrito 3 do 5 minut ali dokler se rahlo ne zmehča. Odtok.
b) Če uporabljate svinjino, jo počasi prepražite v 3-litrski ponvi, dokler rahlo ne porjavi; drugače dodajte maslo ali olje v ponev. Vmešajte čebulo, pokrijte in počasi kuhajte 5 minut, ne da bi porjaveli. Vmešamo moko in počasi kuhamo 2 minuti.
c) Odstavite z ognja, dodajte juho, vrnite na ogenj in zavrite. Dodajte žajbelj, nato pa dodajte repo. Po okusu začinimo s soljo in poprom.
d) Ponev pokrijemo in počasi dušimo 20 do 30 minut oziroma dokler se repa ne zmehča.
e) Če je omaka preveč tekoča, jo odkrijte in počasi kuhajte nekaj minut, da se tekočina zmanjša in zgosti. Pravilno začimba. (Lahko ga skuhamo vnaprej. Ohladimo brez pokrova; pokrijemo in dušimo nekaj trenutkov pred serviranjem.)
f) Za serviranje dodajte peteršilj in prevrnite v vročo servirno posodo.

31. Magician Turnip Wine

SESTAVINE:
- 6 lbs. repa ali rutabagas
- 1 galona vode
- 2½ lbs. sladkorja ali 3 lbs. med
- lupina in sok 3 pomaranč
- sok in lupina 2 velikih limon ali 3 žličke. kislinska mešanica
- 1 čajna žlička hranilo za kvas
- ¼ žličke tanin
- 1 tableta Campden, zdrobljena (neobvezno)
- ½ žličke pektični encim
- 1 zavitek kvasa za šampanjec ali šeri

NAVODILA:
a) Repo dobro olupimo, odrežemo vrhove in korenine. Sesekljajte ali narežite jih v hladno vodo, nato segrejte. Kuhajte, ne vrejte, 45 minut.

b) Citrusom odstranite lupino (brez bele jedi) in iztisnite sok. Lupino položite v majhno najlonsko vrečko za cejenje na dno primarnega fermentorja.

c) Repo (in poprova zrna, če ste jih uporabili) odcedite iz vode. Če želite, lahko pastinak uporabite za hrano.

d) Odstranite približno četrt litra vode, da jo pozneje dodate, če je ne boste imeli dovolj. Težko je reči, koliko boste med kuhanjem izgubili na sopari. Dodajte sladkor ali med in kuhajte, dokler se sladkor ne raztopi. Če uporabljate med, med mešanjem kuhajte 10-15 minut in odstranite morebitno peno.

e) Čez lupinico nalijte vročo vodo v razkužen primarni fermentor. Dodajte sadne sokove. (Če želite, lahko rezervirate malo pomarančnega soka in dodatno rastlinsko vodo, da začnete kvas pozneje.) Preverite, ali imate galono mošta. Če ne, dopolnite s prihranjeno vodo.

f) Če niste uporabili limon, dodajte hranilo za kvas, tanin in mešanico kisline. Pokrijte in pritrdite zračno zaporo. Pustite, da se mošt ohladi, in dodajte tableto Campden, če se odločite za uporabo. Dvanajst ur po tableti Campden dodajte encim pektin. Če tablete ne porabimo, počakamo, da se mošt ohladi in dodamo pektinski encim. Štiriindvajset ur kasneje preverite PA in dodajte kvas.

g) Vsak dan premešajte. Čez dva tedna preverite PA. Dvignite vrečko z lupino in pustite, da odteče nazaj v posodo. Ne stiskajte. Zavrzite lupino. Pustite, da se vino umiri, in ga prelijte v sekundarni fermentor.

h) Čep in prileganje z zračno zaporo. Rack po potrebi v naslednjih šestih mesecih. Preverite PA. Ko fermentira, ga ustekleničite. Raje imam to vino suho. Vino lahko pred stekleničenjem sladkate, če želite, tako da dodate stabilizator in 2 do 4 unče sladkornega sirupa na galono.

32. Dušena repa za zahvalni dan

SESTAVINE:
- ½ funta repe , olupljene in narezane na kolesca
- 2 žlici paradižnikove paste
- 2 žlici veganskega masla
- 1 čebula, olupljena in narezana na kocke
- 1 čajna žlička posušenega timijana
- 1 korenček, olupljen in narezan na kocke
- 1 lovorjev list
- 2 stebli zelene, narezane na kocke
- Sol in poper
- 1½ skodelice jušne osnove ali vode
- 2 žlici veganskega masla, zmehčanega
- 1 T žlice moke

NAVODILA:
a) V ponvi stopimo vegansko maslo. Dodamo čebulo, zeleno in korenček.
b) Kuhajte približno 5 minut. Dodajte osnovo, paradižnikovo mezgo, timijan in lovorov list mešanici repe in čebule, korenja in zelene.
c) Pecite 30 do 40 minut pokrito v pečici pri 350 °F.
d) Medtem ko se repa duši, naredite pasto z veganskim maslom in moko.
e) Repo prestavimo v servirni krožnik in jo pustimo na toplem v ponvi za dušenje.
f) V ponev precedite tekočino za dušenje. V omako dodamo koščke mešanice veganskega masla in moke in stepamo, dokler se ne zgosti.
g) Začinite s soljo in poprom ter nato z omako prelijte repo .

33. Tajvanska juha iz repnega kolača

SESTAVINE:
ZA REPNO TORTO:
- 2 skodelici riževe moke
- 2 skodelici vode
- 2 skodelici narezane repe (daikon redkev)
- ¼ skodelice posušenih kozic, namočenih in mletih
- ¼ skodelice posušenih gob, namočenih in narezanih na kocke
- 2 žlici mlete šalotke
- 2 žlici rastlinskega olja
- 2 žlici sojine omake
- 1 čajna žlička soli
- ½ čajne žličke belega popra

ZA JUHO:
- 4 skodelice piščančje juhe
- 2 skodelici vode
- 2 zeleni čebuli, sesekljani
- Sol in poper po okusu

NAVODILA:
ZA REPNO TORTO:
a) V skledi za mešanje zmešajte riževo moko in vodo. Dobro premešajte, dokler zmes ni gladka in brez grudic.
b) V veliki ponvi ali voku na srednjem ognju segrejte rastlinsko olje.
c) V ponev dodamo mleto šalotko, suhe kozice in suhe gobe. Med mešanjem pražimo približno 2 minuti, da zadiši.
d) V ponev dodamo ožeto repo in med mešanjem pražimo še 2-3 minute, da se repa rahlo zmehča.
e) Mešanico riževe moke vlijemo v ponev in nenehno mešamo, da ne nastanejo grudice.
f) V ponev dodajte sojino omako, sol in beli poper. Dobro premešamo, da se vse sestavine povežejo.
g) Zmes med stalnim mešanjem kuhamo na zmernem ognju, dokler se ne zgosti in nastane lepljiva konsistenca.
h) Kvadraten ali okrogel pekač namastimo in vanj vlijemo zmes za repno torto. Zgladite površino.

i) Repno torto dušite na močnem ognju približno 45-50 minut, dokler ni čvrsta in pečena.
j) Repno torto vzamemo iz soparnika in pustimo, da se popolnoma ohladi.
k) Ko je repa ohlajena, jo vzamemo iz pekača in narežemo na želene kose.

ZA JUHO:
l) V velikem loncu zmešajte piščančjo juho, vodo in sesekljano zeleno čebulo. Mešanico zavremo.
m) V lonec dodamo narezano repo pogačo in pustimo vreti približno 5 minut, da se segreje.
n) Juho po okusu začinimo s soljo in poprom.
o) Tajvansko juho iz repnega kolača postrezite vročo kot prijetno in okusno jed.

34. Mešano zelenjavo z repnimi ocvrti

SESTAVINE:
- ¼ skodelice masla
- 1 skodelica sesekljane čebule
- 1 skodelica sesekljane zelene čebule
- 2 stebli zelene, sesekljani
- 2 žlici drobno sesekljanega ingverja
- 2 stroka česna, drobno sesekljan
- 1-kilogramska mlada repa z zelenimi vršički
- 10 skodelic vode
- 2 zelo veliki kocki piščančje juhe
- ½ skodelice suhega belega vina ali vode
- ¼ skodelice koruznega škroba
- 6 skodelic pakiranih celih listov sveže špinače
- 1¼ čajne žličke mletega črnega popra
- ½ čajne žličke soli
- ¼ skodelice nepresejane večnamenske moke
- 1 veliko jajce, rahlo stepeno
- Rastlinsko olje za cvrtje

NAVODILA:
a) Pripravite zelenje.
b) Ohlajeno repo grobo naribamo.
c) Zmešajte naribano repo, moko, jajce in preostalo ¼ t popra in soli.
d) V ponev dodamo zvrhane čajne žličke mešanice za ocvrtke in pražimo, obračamo, do rjave barve na obeh straneh

35.Kakiji & Daikon Temaki

SESTAVINE :
- 1 skodelica nekuhanega riža za suši
- 3 žlice začimb za suši
- 10 listov popečenega sušija nori, razpolovljenega
- 1 angleška kumara
- 1 rdeča paprika
- 6 unč konzerviranega daikona, narezanega na vžigalice
- 2 kakija Fuyu, olupljena in narezana na vžigalice
- 2 avokada, izkoščičena in narezana
- furikake za preliv

NAVODILA
a) Riž za suši skuhajte po navodilih na embalaži.
b) Ko je kuhana, jo ohladite približno 15 minut.
c) Vmešajte začimbe za suši.
d) Polovico nori lista položite na desko s svetlečo stranjo navzdol.
e) Na nori z žlico položite nekaj riža.
f) Riž razporedite tako, da napolnite polovico norija.
g) Nori obložite z nekaj rezinami kumare, rdečo papriko, daikonom in kakijem.
h) Na vrh položite eno rezino avokada in na vrh stresite nekaj furikake.
i) Začnite s spodnjim desnim robom, vrtite nori proti levi, dokler ne pridete do konca.
j) Ročno zavitek zapremo z nekaj zrni riža. Ponovite z vsemi ostalimi listi nori.

36. Daikon zvitki snežnega graha

SESTAVINE:
- 1 kumara, na drobno narezana
- Sok 1 limone
- 1 žlica sesekljanih listov mete
- 1 žlica tamarija
- 1 žlica kalčkov redkve
- 12 listov shiso
- 2 žlici yuzu soka
- 1 žlica riževega kisa
- 1 žlica naribanega galgana
- 1 redkev daikon, drobno narezana na 12 dolgih trakov
- 1 žlica mletih poganjkov snežnega graha
- 1 zrel avokado, na drobno narezan
- Črna sezamova semena, za okras

NAVODILA:
a) Liste daikona razporedite po delovni površini.
b) Vsak list daikona mora imeti 1 list shiso.
c) V skledi zmešajte tamari, rižev kis, galangal in limonin sok; postavite na stran.
d) V skledi zmešajte poganjke snežnega graha, avokado, kumare in meto.
e) Dodamo limonin preliv in premešamo.
f) Mešanico enakomerno porazdelite med liste daikona, tako da na vsak konec položite del.
g) Tesno ga zvijte, tako da bo zvitek obrnjen stran od vas.
h) Zvitke prenesite na servirni krožnik, na vrh položite kalčke in pokapljajte sok yuzu.

REDKVICA

37. Pečen Yuzu piščanec z japonsko slanico

SESTAVINE:
- 2 stroka česna, zdrobljena
- 2 žlički naribanega ingverja
- 25 g nesoljenega masla, stopljenega
- ¼ skodelice yuzu soka ali limetinega soka
- 2 žlici svetle sojine omake
- 4 piščanci Maryland's
- ½ čajne žličke sezamovega olja
- 1 žlica arašidovega olja
- ½ čajne žličke sladkorja v prahu
- Črna sezamova semena, za serviranje
- Limonine rezine, za serviranje

JAPONSKA SOLANA
- 1 avokado, narezan na tanke rezine
- 100 g sladkornega graha, po dolgem narezanega
- 3 redkvice, obrezane, tanko narezane
- 1 večji korenček, narezan na tanke vžigalice
- ½ šopka drobnjaka, narezanega na 4 cm dolge kose
- 150 g listov divje rukole

NAVODILA:

a) V skledi zmešajte česen, ingver, maslo, 2 žlici yuzuja in 1 žlico sojine omake.

b) Dodajte piščanca in obrnite na plašč. Pokrijte in postavite v hladilnik za 20 minut, da se marinira.

c) Pečico segrejemo na 180°C. Piščanca odcedite, prihranite marinado in posušite.

d) Položite jih na pekač, obložen s papirjem za peko, in jih vsakih 15 minut prelivajte s prihranjeno marinado, pecite 1 uro ali dokler ne porjavijo in ne zapečejo.

e) Medtem v skledi zmešajte sestavine za solato. V ločeni skledi zmešajte sezamovo olje, arašidovo olje, sladkor ter preostali 2 žlici yuzuja in 1 žlico soje. Premešajte s slanico, da se združi.

f) Postrezite piščanca in solato, posuto s sezamom, čez pa ožmite limono.

38. Dušene ribe

SESTAVINE:
- 3½ skodelice dashi ali vode
- 2 skodelici črnega riža, kuhanega
- 1 skodelica suhega belega vina
- 1 kos kombuja, 3 x 3 cm
- 1 čajna žlička kurkume v prahu
- 2 lovorjeva lista
- 2 žlici posušenih morskih alg
- košer sol
- 2 fileja brancina ali rdečega hlastača, kuhana na pari
- 5 unč gob shiitake, prerezanih na pol
- 2 skodelici grahovih poganjkov
- 2 rdeči redkvici, naribani
- 2 žlici sesekljanih listov mete

NAVODILA:
a) Zmešajte juho, riž, vino, kombu, sol, kurkumo v prahu, lovorjev list in morske alge v Crockpotu.
b) Kuhajte na nizki temperaturi 1 uro.
c) Čez riž položite ribe, nato pa na vrh položite gobe.
d) Za okras dodajte meto, redkev in grahove poganjke.

39. Japonska rižota z gobami

SESTAVINE:
- 4½ skodelice Zelenjavna zaloga; ali miso prepojena juha, slana
- 1 žlica Ekstra deviško olivno olje
- ½ skodelice rose-sushi riž
- ½ skodelice Sake
- Košer sol
- Sveže mleti črni poper
- ½ skodelice Enoki gobe
- ½ skodelice Sesekljane čebulice
- ¼ skodelice Kalčki redkvice

NAVODILA:
a) Če uporabljate juho z mešanico misa, zmešajte 1 žlico misa s 4½ skodelice vode in zavrite. Ogenj zmanjšamo in pustimo vreti.
b) V kozici segrejte olivno olje na srednje močnem ognju. Dodajte riž, nenehno mešajte v eno smer, dokler ni dobro prevlečen. Ponev odstavimo z ognja in dodamo sake.
c) Vrnite na ogenj in nenehno mešajte v eno smer, dokler ne vpije vsa tekočina. Dodajte osnovo ali juho v korakih po ½ skodelice in nenehno mešajte, dokler se z vsakim dodatkom ne vpije vsa tekočina.
d) Začinimo s soljo in poprom. Z žlico naložite v servirne sklede, okrasite z gobami, kapesanto in kalčki ter postrezite.
e) Okrasite z nežnimi enoki gobami, sesekljano kapesanto in pikantnimi kalčki redkve.

40. Pečen piščanec s pistacijevim pestom

SESTAVINE:
- 25 g oluščenih pistacij
- 1 velik šop sveže bazilike, listi in stebla, grobo narezana
- 4 sveže metine vejice, listi grobo narezani
- Naribana lupinica in sok ½ limone in ½ limone
- 125 ml ekstra deviškega oljčnega olja
- 2 kg celega piščanca iz proste reje
- 125 ml suhega belega vina
- 200 g kislega kruha, narezanega na kose
- 200 g mešanih redkvic, če so velike, razpolovite ali na četrtine
- 250 g špargljev
- Velika peščica poganjkov graha

NAVODILA:
a) Pečico segrejte na 200 °C/180 °C ventilator/plin 6. Pistacije, baziliko, meto, limonino lupinico in sok stepite v sekljalniku ali majhnem kuhinjskem robotu v grobo pasto. Pokapljajte s 100 ml olja, začinite in premešajte. Polovico pesta dajte v manjši servirni krožnik in odstavite.
b) Piščanca dajte v velik plitek pekač. Delajte iz vratne votline in s prsti naredite žep med kožo in mesom
c) prsi. Pesto potisnite pod kožo piščanca in morebitne presežke podrgnite po koži. Preostalo ½ limone stisnite čez piščanca in ga položite v votlino. Pečemo 20 minut, nato pečico znižamo na 190°C/170°C ventilator/plin 5.
d) V ponev dodajte vino in 125 ml vode ter pecite še 40-50 minut, dokler ni piščanec pečen.
e) Piščanca položimo na desko, pokrijemo s folijo in pustimo počivati. Sok od pečenke iz pekača zlijemo v vrč. V pekač dodamo kruh, redkvice in špargije, z žlico odstranimo nekaj maščobe z vrha soka in premešamo s kruhom in zelenjavo.
f) Začinite, nato pa pražite 12-15 minut, dokler se zelenjava ne zmehča in kruh postane hrustljav. Odstranite maščobo iz preostalih sokov in segrejte v ponvi za omako.
g) Zmešajte preostali pesto in 25 ml oljčnega olja ter pokapljajte piščanca in zelenjavo. Postrezite s poganjki graha in omako ob strani.

41. Vrtna sveža pica

SESTAVINE:
- Dve ohlajeni polmesečni roladi
- Dve embalaži kremnega sira iz indijskih oreščkov, zmehčanega
- ⅓ skodelice majoneze
- Pakiranje 1,4 unče mešanice suhe zelenjavne juhe
- 1 skodelica redkev, narezanih
- ⅓ skodelice sesekljane zelene paprike
- ⅓ skodelice sesekljane rdeče paprike
- ⅓ skodelice sesekljane rumene paprike
- 1 skodelica cvetov brokolija
- 1 skodelica cvetov cvetače
- ½ skodelice sesekljanega korenja
- ½ skodelice sesekljane zelene

NAVODILA:
a) Preden naredite kar koli drugega, pečico nastavite na 400 stopinj F.
b) Na dno pekača velikosti 11 x 14 palcev razporedite testo za zvitke polmeseca.
c) S prsti stisnite morebitne šive skupaj, da naredite skorjo.
d) Vse skupaj kuhajte v pečici približno 10 minut.
e) Vse skupaj vzamemo iz pečice in pustimo na strani, da se popolnoma ohladi.
f) V skledi zmešajte majonezo, kremni sir iz indijskih oreščkov in mešanico zelenjavne juhe.
g) Mešanico majoneze enakomerno razporedite po skorji,
h) Vse enakomerno potresemo z zelenjavo in jo nežno vtisnemo v majonezno mešanico.
i) Pokrijte pico s plastično folijo in jo čez noč ohladite.

42. Kremna juha iz redkvice

SESTAVINE:
- 1 šop redkvic, obrezanih in narezanih
- 1 čebula, sesekljana
- 2 stroka česna, nasekljana
- 4 skodelice zelenjavne juhe
- 1 skodelica težke smetane
- Sol in poper po okusu
- Svež drobnjak za okras

NAVODILA:

a) V velikem loncu prepražimo redkvice, čebulo in česen, dokler se ne zmehčajo.

b) Prilijemo zelenjavno juho in zavremo. Dušimo 10 minut.

c) S potopnim mešalnikom ali navadnim mešalnikom pretlačite juho v pire, dokler ni gladka.

d) Vmešajte smetano ter začinite s soljo in poprom.

e) Postrezite vroče, okrašeno s svežim drobnjakom.

43. Začinjena juha iz redkvice in korenja

SESTAVINE:
- 1 šop redkvic, obrezanih in narezanih
- 2 korenčka, olupljena in narezana
- 1 čebula, sesekljana
- 2 stroka česna, nasekljana
- 4 skodelice zelenjavne juhe
- 1 čajna žlička kumine
- ½ čajne žličke paprike
- ¼ čajne žličke kajenskega popra
- Sol in poper po okusu
- Svež cilantro za okras

NAVODILA:
a) V velikem loncu prepražimo redkvice, korenje, čebulo in česen, dokler se ne zmehčajo.
b) Dodajte zelenjavno juho, kumino, papriko in kajenski poper. Zavremo in pustimo vreti 15 minut.
c) S potopnim mešalnikom ali navadnim mešalnikom pretlačite juho v pire, dokler ni gladka.
d) Začinimo s soljo in poprom.
e) Postrezite vroče, okrašeno s svežim cilantrom.

44. Redkev in krompirjeva juha

SESTAVINE:
- 1 šop redkvic, obrezanih in narezanih
- 2 krompirja, olupljena in narezana na kocke
- 1 čebula, sesekljana
- 2 stroka česna, nasekljana
- 4 skodelice zelenjavne juhe
- ½ skodelice mleka ali smetane
- Sol in poper po okusu
- Svež peteršilj za okras

NAVODILA:
a) V velikem loncu prepražimo redkvice, krompir, čebulo in česen, dokler se ne zmehčajo.
b) Prilijemo zelenjavno juho in zavremo. Dušimo 20 minut, da se zelenjava zmehča.
c) S potopnim mešalnikom ali navadnim mešalnikom pretlačite juho v pire, dokler ni gladka.
d) Primešamo mleko ali smetano ter začinimo s soljo in poprom.
e) Postrezite vroče, okrašeno s svežim peteršiljem.

45. Redkev Zelena juha

SESTAVINE:
- Zelenje iz 1 šopka redkev, opranih in sesekljanih
- 1 čebula, sesekljana
- 2 stroka česna, nasekljana
- 4 skodelice zelenjavne juhe
- 1 žlica olivnega olja
- Sok 1 limone
- Sol in poper po okusu
- Grški jogurt za okras

NAVODILA:

a) V velikem loncu na oljčnem olju prepražimo čebulo in česen, dokler se ne zmehčata.
b) Dodajte zelenje redkvice in pražite nekaj minut, dokler ne oveni.
c) Prilijemo zelenjavno juho in zavremo. Dušimo 10 minut.
d) S potopnim mešalnikom ali navadnim mešalnikom pretlačite juho v pire, dokler ni gladka.
e) Primešajte limonin sok ter začinite s soljo in poprom.
f) Postrezite vroče, okrašeno s kančkom grškega jogurta.

46. Ohlajena redkvica juha

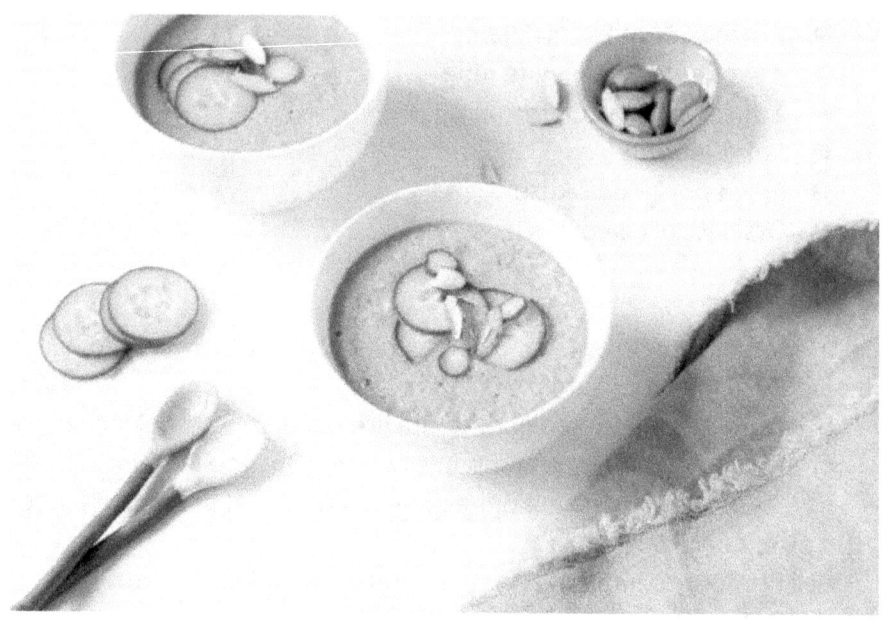

SESTAVINE:
- 1 šop redkvic, obrezanih in narezanih
- 1 kumaro, olupljeno in narezano
- 1 zeleno jabolko, olupljeno in narezano
- 2 žlici svežih listov mete
- 2 skodelici zelenjavne juhe
- Sok 1 limete
- Sol in poper po okusu

NAVODILA:
a) V mešalniku zmešajte redkvice, kumare, zeleno jabolko, metine liste, zelenjavno juho, limetin sok, sol in poper.
b) Mešajte do gladkega.
c) Hladite vsaj 1 uro, da se ohladi.
d) Postrezite hladno, okrašeno z listi sveže mete.

47.Juha iz redkvice in pese

SESTAVINE:
- 1 šop redkvic, obrezanih in narezanih
- 2 pesi, olupljeni in narezani
- 1 čebula, sesekljana
- 2 stroka česna, nasekljana
- 4 skodelice zelenjavne juhe
- ¼ skodelice navadnega grškega jogurta
- Sok 1 limone
- Sol in poper po okusu

NAVODILA:
a) V velikem loncu prepražimo redkvice, peso, čebulo in česen, dokler se ne zmehčajo.
b) Prilijemo zelenjavno juho in zavremo. Dušimo 20 minut, da se zelenjava zmehča.
c) S potopnim mešalnikom ali navadnim mešalnikom pretlačite juho v pire, dokler ni gladka.
d) Vmešajte grški jogurt in limonin sok. Začinimo s soljo in poprom.
e) Postrezite vroče, okrašeno s kančkom grškega jogurta in posipom sesekljanih redkev.

48. Redkev in paradižnikova juha

SESTAVINE:
- 1 šop redkvic, obrezanih in narezanih
- 4 paradižniki, narezani
- 1 čebula, sesekljana
- 2 stroka česna, nasekljana
- 4 skodelice zelenjavne juhe
- 2 žlici paradižnikove paste
- 1 žlica olivnega olja
- Sol in poper po okusu
- Sveža bazilika za okras

NAVODILA:
a) V velikem loncu na oljčnem olju prepražimo redkvice, paradižnike, čebulo in česen, dokler se ne zmehčajo.
b) Prilijemo zelenjavno juho in zavremo. Dušimo 20 minut, da se zelenjava zmehča.
c) S potopnim mešalnikom ali navadnim mešalnikom pretlačite juho v pire, dokler ni gladka.
d) Vmešajte paradižnikovo pasto in začinite s soljo in poprom.
e) Postrezite vroče, okrašeno z listi sveže bazilike.

49. Juha z redkvico in kokosovim curryjem

SESTAVINE:
- 1 šop redkvic, obrezanih in narezanih
- 1 čebula, sesekljana
- 2 stroka česna, nasekljana
- 1 žlica karija v prahu
- 1 pločevinka kokosovega mleka
- 4 skodelice zelenjavne juhe
- 1 žlica olivnega olja
- Sol in poper po okusu
- Svež cilantro za okras

NAVODILA:
a) V velikem loncu na oljčnem olju prepražimo redkvice, čebulo in česen, dokler se ne zmehčajo.
b) Dodamo curry v prahu in mešamo minuto.
c) Dodamo kokosovo mleko in zelenjavno juho. Zavremo. Dušimo 15 minut.
d) S potopnim mešalnikom ali navadnim mešalnikom pretlačite juho v pire, dokler ni gladka.
e) Začinimo s soljo in poprom.
f) Postrezite vroče, okrašeno s svežim cilantrom.

50. Redkev in špinačna juha

SESTAVINE:
- 1 šop redkvic, obrezanih in narezanih
- 2 skodelici svežih listov špinače
- 1 čebula, sesekljana
- 2 stroka česna, nasekljana
- 4 skodelice zelenjavne juhe
- 1 žlica masla
- ½ skodelice mleka ali smetane
- Sol in poper po okusu

NAVODILA:
a) V velikem loncu na maslu prepražimo redkvice, špinačo, čebulo in česen, dokler se ne zmehčajo.
b) Prilijemo zelenjavno juho in zavremo. Dušimo 15 minut.
c) S potopnim mešalnikom ali navadnim mešalnikom pretlačite juho v pire, dokler ni gladka.
d) Primešamo mleko ali smetano ter začinimo s soljo in poprom.
e) Postrezite vroče, okrašeno z rezinami sveže redkvice.

51. Redkev in gobova juha

SESTAVINE:
- 1 šop redkvic, obrezanih in narezanih
- 8 unč gob, narezanih
- 1 čebula, sesekljana
- 2 stroka česna, nasekljana
- 4 skodelice zelenjavne juhe
- 2 žlici olivnega olja
- ¼ skodelice navadnega grškega jogurta
- Sol in poper po okusu
- Svež timijan za okras

NAVODILA:
a) V velikem loncu na oljčnem olju prepražimo redkvice, gobe, čebulo in česen, dokler se ne zmehčajo.
b) Prilijemo zelenjavno juho in zavremo. Dušimo 20 minut, da se zelenjava zmehča.
c) S potopnim mešalnikom ali navadnim mešalnikom pretlačite juho v pire, dokler ni gladka.
d) Vmešajte grški jogurt ter začinite s soljo in poprom.
e) Postrezite vroče, okrašeno z listi svežega timijana.

52.Solata iz praženega sladkega krompirja in pršuta

SESTAVINE:
- Med 1 čajna žlička
- Limonin sok 1 žlica
- Zelena čebula (razdeljena in narezana) 2
- Sladka rdeča paprika (drobno sesekljana) ¼ skodelice
- Pekani (sesekljani in opečeni) ⅓ skodelice
- Redkvice (narezane) ½ skodelice
- Pršut (tanko narezan in narezan na julien) ½ skodelice
- Poper ⅛ čajne žličke
- ½ čajne žličke soli (razdeljeno)
- 4 žlice olivnega olja (razdeljeno)
- 3 sladki krompirji, srednji (olupljeni in narezani na 1-palčne kocke)

NAVODILA:
a) Pečico segrejte na 400 stopinj F.
b) Sladki krompir položite v pomaščen pekač (15x10x1 cm).
c) Pokapajte 2 žlici olja in potresite ¼ čajne žličke soli in popra ter jih pravilno premešajte.
d) Pražimo pol ure in še vedno občasno.
e) Po sladkem krompirju potresemo malo pršuta in ga pražimo 10 do 15 minut, da se sladki krompir zmehča in pršut postane hrustljav.
f) Mešanico prestavimo v večjo skledo in pustimo, da se nekoliko ohladi.
g) Dodajte polovico zelene čebule, rdečo papriko, pekan orehe in redkvice. Vzemite majhno skledo in zmešajte sol, preostalo olje, med in limonin sok, dokler se dobro ne premešajo.
h) Pokapljamo ga po solati; pravilno premešajte, da se združijo. Potresemo s preostalo zeleno čebulo.

53. Solata iz lubenice in redkvice z mikrozelenjem

SESTAVINE:
- 1 žlica balzamičnega kisa
- Sol po okusu
- Pest mikrozelenja redkvice
- 2 žlici olivnega olja, ekstra deviško
- 1 rezina lubenice
- 2 žlici sesekljanih mandljev
- 20 g feta sira , nadrobljenega

NAVODILA:
a) Lubenico položite na krožnik.
b) Po vrhu lubenice razporedite feta sir in mandlje.
c) Pokapljajte jih z ekstra deviškim oljčnim oljem in balzamičnim kisom.
d) Na vrh dodajte mikrozelenje.

54. iz mikrozelenja in snežnega graha

SESTAVINE:
VINAIGRETA
- 1 čajna žlička javorjevega sirupa
- 2 žlički limetinega soka
- 2 žlici belega balzamičnega kisa
- 1 ½ skodelice narezanih jagod
- 3 žlice oljčnega olja

SOLATA
- 2 redkvici, narezani na tanke rezine
- 6 unč mikrozelenja zelja
- 12 snežnega graha, na tanke rezine
- Razpolovljene jagode, užitni cvetovi in vejice svežih zelišč za okras

NAVODILA:
a) Za pripravo vinaigrette v posodi za mešanje zmešajte jagode, kis in javorjev sirup. Tekočino precedite in dodajte limetin sok in olje.
b) Začinimo s soljo in poprom.
c) v veliki posodi za mešanje zmešajte mikrozelenje, snežni grah, redkvice, prihranjene jagode in ¼ skodelice vinaigrette.
d) Za okras dodajte razpolovljene jagode, užitne cvetove in vejice svežih zelišč.

55. Mikrozelena spomladanska solata

SESTAVINE:
- 2 žlici soli
- 1 pest grahovih poganjkov mikrozelenja
- ½ skodelice fava fižola, blanširanega
- 4 korenčki, narezani na majhne kocke, blanširani
- 1 pest mikrozelenja Pak Choi
- 1 pest mikrozelenja wasabi gorčice
- 1 ščepec mikrozelenja amaranta
- 4 redkvice, narezane na tanke kovance
- 1 skodelica graha, blanširanega
- Sol in poper po okusu

KORENČKO-INGVERJEV PRELIV
- ¼ skodelice riževega vinskega kisa
- ½ skodelice vode
- 1-palčni ingver, olupljen in narezan
- 1 žlica sojine omake
- 1 žlica majoneze
- Košer sol in črni poper po okusu

NAVODILA:
a) Zmešajte mikrozelenje, redkvice, korenje, grah in fižol ter začinite s soljo in poprom.
b) Zmešajte ingver, ½ skodelice prihranjenega korenja, rižev vinski kis in vodo do gladkega.
c) Odstranite iz mešalnika in vmešajte sojino omako in majonezo.
d) Solato prelijemo s prelivom in postrežemo

PESA

56.Rdeča pesa z jajci

SESTAVINE:
- 1 funt pese, olupljene in narezane na kocke
- ½ funta krompirja Yukon Gold, oluščenega in narezanega na kocke
- Groba sol in sveže mlet črni poper
- 2 žlici ekstra deviškega oljčnega olja
- 1 majhna čebula, narezana na kocke
- 2 žlici sesekljanega svežega peteršilja
- 4 velika jajca

NAVODILA:
a) V ponvi z visokimi stranicami pokrijte peso in krompir z vodo in zavrite. Začinite s soljo in kuhajte, dokler se ne zmehča, približno 7 minut. Odcedite in obrišite ponev.

b) V ponvi na srednje močnem ognju segrejte olje. Dodajte kuhano peso in krompir ter kuhajte, dokler krompir ne začne zlato porumeniti približno 4 minute. Zmanjšajte toploto na srednjo, dodajte čebulo in med mešanjem kuhajte, dokler se ne zmehča, približno 4 minute. Prilagodite začimbe in vmešajte peteršilj.

c) V mešanico naredite štiri široke vdolbinice. V vsako razbijte eno jajce in jajce posolite. Kuhajte, dokler se beljaki ne strdijo, rumenjaki pa so še tekoči 5 do 6 minut.

57. Pica za zajtrk s pesno skorjo

SESTAVINE:
ZA PIZZA SKORIJO:
- 1 skodelica kuhane in pretlačene pese
- ¾ skodelice mandljevega zdroba
- ⅓ skodelice rjave riževe moke
- ½ čajne žličke soli
- 2 žlički pecilnega praška
- 1 žlica kokosovega olja
- 2 žlički sesekljanega rožmarina
- 1 jajce

PRELIVI:
- 3 jajca
- 2 rezini kuhane slanine zdrobljene
- avokado
- sir

NAVODILA :
a) Pečico segrejte na 375 stopinj
b) Zmešajte vse sestavine za skorjo za pico
c) Pečemo 5 minut
d) Vzemite ven in s hrbtno stranjo žlice ali modelčka za sladoled naredite 3 majhne "vdolbinice".
e) Spustite 3 jajca v te "vodnjake"
f) Pečemo 20 minut
g) Potresemo s sirom in slanino ter pečemo še 5 minut
h) Dodajte še rožmarin, sir in avokado.

58. Pesin čips

SESTAVINE:
- 4 srednje velike pese, oplaknite in narežite na tanke rezine
- 1 čajna žlička morske soli
- 2 žlici olivnega olja
- Humus, za serviranje

NAVODILA:
a) Predgrejte cvrtnik na 380°F.
b) V veliki skledi premešajte peso z morsko soljo in oljčnim oljem, dokler ni dobro prekrita.
c) Rezine pese dajte v cvrtnik in jih razporedite v eno plast.
d) Pražimo 10 minut. Premešamo, nato pražimo še 10 minut. Ponovno premešajte, nato pa pražite še zadnjih 5 do 10 minut oziroma dokler čips ne doseže želene hrustljavosti.
e) Postrezite s favorit e humusom.

59. Pesa iz kopra in česna

SESTAVINE:
- 4 pese, očiščene, olupljene in narezane
- 1 strok česna, mlet
- 2 žlici sesekljanega svežega kopra
- ¼ čajne žličke soli
- ¼ čajne žličke črnega popra
- 3 žlice oljčnega olja

NAVODILA:
a) Predgrejte cvrtnik na 380°F.
b) V veliki skledi zmešajte vse sestavine, da je pesa dobro prekrita z oljem.
c) Mešanico pese vlijemo v košaro cvrtnika in pražimo 15 minut, preden premešamo, nato nadaljujemo s praženjem še 15 minut.

60.Solata za predjed iz pese

SESTAVINE:
- 2 funta pese
- Sol
- ½ vsakega Španska čebula, narezana na kocke
- 4 paradižniki, olupljeni, semena in narezani na kocke
- 2 žlici kisa
- 8 žlic olivnega olja
- Črne olive
- 2 vsak Stroki česna, sesekljani
- 4 žlice Italijanski peteršilj, sesekljan
- 4 žlice Cilantro, sesekljan
- 4 mediji Krompir, kuhan
- Sol in poper
- Pekoča rdeča paprika

NAVODILA:
a) Odrežite konce pese. Dobro operemo in kuhamo v vreli slani vodi do mehkega. Odcedite in odstranite lupine pod tekočo hladno vodo. Kocke.
b) Zmešajte sestavine za preliv.
c) V solatni skledi zmešajte peso s čebulo, paradižnikom, česnom in peteršiljem. Prelijte s polovico preliva, nežno premešajte in ohladite 30 minut. Krompir narežemo, damo v plitvo skledo in prelijemo s preostalim prelivom. Ohladite se.
d) Ko ste pripravljeni za sestavljanje, na sredino plitke sklede razporedite peso, paradižnik in čebulo, okoli njih pa v obroču razporedite krompir. Okrasite z olivami.

61. Čolni iz pese

SESTAVINE:
- 8 majhnih Pesa
- 10 unč rakovega mesa, konzerviranega ali svežega
- 2 čajni žlički Mlet svež peteršilj
- 1 čajna žlička Limonin sok

NAVODILA:

a) Peso kuhajte na pari 20-40 minut ali dokler ni mehka. Sperite s hladno vodo, olupite in pustite, da se ohladi. Medtem zmešamo rakovo meso, peteršilj in limonin sok.

b) Ko je pesa ohlajena, jo prepolovite in z lopatico za melono ali čajno žličko izdolbite sredice in naredite vdolbino. Nadevajte z mešanico rakov.

c) Postrezite kot predjed ali za kosilo skupaj z ocvrto zeleno peso.

62. Pesni ocvrtki

SESTAVINE:
- 2 skodelici Naribana surova pesa
- ¼ skodelice Čebula, narezana na kocke
- ½ skodelice Krušne drobtine
- 1 velik Jajce, pretepeno
- ¼ čajne žličke Ingver
- Sol in poper po okusu

NAVODILA:
a) Zmešajte vse sestavine. Na vročo, naoljeno rešetko z žlico razporedimo porcije v velikosti palačink.
b) Kuhajte do rjave barve in enkrat obrnite.
c) Postrezite z maslom, kislo smetano, jogurtom ali katero koli kombinacijo naštetega.

63. Polnjena pesa

SESTAVINE:
- 6 velikih Pesa
- 6 žlic Nariban oster sir
- 2 žlici Krušne drobtine
- 2 žlici Kisla smetana
- 1 žlica Okus kislih kumaric
- ½ čajne žličke Sol
- ¼ čajne žličke Poper
- ¼ skodelice maslo
- ¼ skodelice belo vino

NAVODILA:
a) Izdolbite peso ali pa uporabite peso, ki je bila uporabljena za izdelavo okraskov iz sladkarij.
b) Izdolbeno peso skuhamo v rahlo osoljeni vodi do mehkega.
c) Ohladite in odstranite kožice. Pečico segrejte na 350 F. Zmešamo sir, drobtine, kislo smetano, kisle kumarice in začimbe.
d) S to zmesjo nadevamo peso in jo položimo v plitev pomaščen pekač. Premažite z maslom in nepokrito pecite v pečici pri 350 F 15 do 20 minut.
e) Maslo stopite in ga zmešajte z belim vinom ter občasno polijte, da ostane vlažno.

64. Španska skuša na žaru z jabolki in peso

SESTAVINE:

- 2 španski skuši (približno 2 funta vsaka), poluščeni in očiščeni, z odstranjenimi škrgami
- 2¼ skodelice komarčkove slanice
- 1 žlica olivnega olja
- 1 srednja čebula, drobno sesekljana
- 2 srednji pesi, pečeni, kuhani, na žaru ali v pločevinkah; drobno sesekljan
- 1 trpko jabolko, olupljeno, strženo in drobno narezano
- 1 strok česna, mlet
- 1 žlica drobno narezanih listov svežega kopra ali komarčka
- 2 žlici svežega kozjega sira
- 1 limeta, narezana na 8 rezin

NAVODILA:

a) Ribo sperite in jo s slanico dajte v 1-galonsko vrečko z zadrgo, iztisnite zrak in vrečko zaprite. Hladimo 2 do 6 ur.
b) V veliki ponvi na srednjem ognju segrejte olje. Dodajte čebulo in jo pražite, dokler se ne zmehča, približno 3 minute. Dodajte peso in jabolko ter pražite, dokler se jabolko ne zmehča, približno 4 minute. Vmešajte česen in koper ter segrevajte približno 1 minuto. Zmes ohladimo na sobno temperaturo in vanjo vmešamo kozji sir.
c) Medtem prižgite žar za neposredno srednjo vročino, približno 375¡F.
d) Ribe odstranite iz slanice in jih posušite. Slanico zavrzite. Z ohlajeno mešanico pese in jabolk nadevajte votline rib in jih po potrebi pritrdite z vrvico.
e) Rešetko za žar premažemo z oljem. Pecite ribo na žaru, dokler koža ni hrustljava in riba na površini videti neprozorna, vendar je v sredini še vedno filmska in vlažna (130¼F na termometru s takojšnjim odčitavanjem), 5 do 7 minut na stran. Ribo odstranite na servirni krožnik in postrezite z rezinami limete.

65. Rižota z rdečo peso

SESTAVINE:
- 50 g masla
- 1 čebula, drobno sesekljana
- 250 g riža za rižoto
- 150 ml belega vina
- 1 liter zelenjavne juhe
- 300 g kuhane rdeče pese
- 1 limona, olupljena in iztisnjen sok
- ploščati peteršilj majhen šopek, grobo sesekljan
- 125 g mehkega kozjega sira
- pest orehov, opečenih in sesekljanih

NAVODILA:

a) V globoki ponvi stopite maslo in čebulo z začimbami pražite 10 minut, dokler se ne zmehča. Dodajte riž in mešajte, dokler niso prekrita vsa zrna, nato prilijte vino in brbotajte 5 minut.

b) Med mešanjem dodajajte jušno juho po zajemalko in jo dodajte šele, ko se prejšnja količina vpije.

c) Medtem vzemite ½ rdeče pese in jo v majhnem mešalniku stepite do gladkega, preostanek pa sesekljajte.

d) Ko je riž kuhan, vanj vmešamo pretlačeno in nasekljano rdečo peso, limonino lupinico in sok ter večji del peteršilja. Razdelite na krožnike in na vrh potresite nadrobljen kozji sir, orehe in preostali peteršilj.

66.Drsniki pese z mikrozelenjem

SESTAVINE:
PESA
- 1 strok česna, rahlo strt in olupljen
- 2 korenčka olupljena, narezana
- Ščepec soli in popra
- 1 čebula, olupljena in na četrtine narezana
- 4 pese
- 1 žlica kuminih semen
- 2 stebli zelene oplaknite, obrežite

DRESING:
- ½ skodelice majoneze
- ⅓ skodelice pinjenca
- ½ skodelice sesekljanega peteršilja, drobnjaka, pehtrana ali timijana
- 1 žlica sveže stisnjenega limoninega soka
- 1 čajna žlička sardonove paste
- 1 strok česna sesekljan
- Sol in poper

PRELIV:
- Slider buns
- 1 tanko narezana rdeča čebula
- Pest mešanega mikrozelenja

NAVODILA:
OBLAČENJE
a) Zmešajte pinjenec, zelišča, majonezo, limonin sok, pasto iz inčunov, česen, sol in poper.

PESA
b) V nizozemski pečici kuhajte peso, zeleno, korenje, čebulo, česen, kumino, sol in poper 55 minut.
c) Peso olupimo in narežemo na rezine.
d) Rezine pese pražite 3 minute na vsaki strani v ponvi, premazani s pršilom.

ZA SESTAVLJANJE
e) Žemljice razporedite po krožniku in jih prelijte s peso, vinaigrette, rdečo čebulo in mikro zelenjavo.

f) Uživajte.

67. Škampi z amarantom in kozjim sirom

SESTAVINE:
- 2 pesa spiralizirana
- 4 oz zmehčanega kozjega sira
- ½ skodelice mikrozelenja rukole, rahlo nasekljanega
- ½ skodelice mikrozelenja amaranta, rahlo nasekljanega
- 1 funt kozic
- 1 skodelica sesekljanih orehov
- ¼ skodelice surovega trsnega sladkorja
- 1 žlica masla
- 2 žlici ekstra deviškega oljčnega olja

NAVODILA:
a) Preden začnete s pripravo, dajte kozji sir, da se zmehča 30 minut.
b) Pečico segrejte na 375 stopinj
c) Na zmernem ognju segrejte ponev.
d) V ponev dodajte orehe, sladkor in maslo ter na zmernem ognju pogosto mešajte.
e) Nenehno mešajte, ko se začne sladkor topiti.
f) Ko so orehi prevlečeni, jih takoj prenesite na list pergamentnega papirja in ločite orehe, da se ne strdijo zlepljeni skupaj. Dati na stran
g) Peso narežemo na kolobarje.
h) Spirale prelijemo z oljčnim oljem in morsko soljo.
i) Peso razporedite po pekaču za piškote in pecite v pečici 20 - 25 minut.
j) Kozico oplaknemo in dodamo v ponev.
k) Napolnite ponev z vodo in morsko soljo. Zavremo.
l) Odlijemo vodo in damo v ledeno kopel, da nehamo kuhati.
m) Odrežite in rahlo nasekljajte mikrozelenje rukole. Dati na stran.
n) Zmehčanemu siru dodajte mikrozelenje, pri čemer pustite nekaj ščepcev vsakega mikrozelenja.
o) Zmešajte mikrozelenjavo in sir.
p) Sirno mešanico strgajte v kroglico.
q) Plošče pese.
r) Na peso dodamo žlico sira.
s) Okoli krožnika naložimo orehe.

t) Dodajte kozico in potresite s preostalim mikrozelenjem, soljo in mletim poprom.

68. Pokrovače na žaru z omako iz sveže pese

SESTAVINE:
- 1¼ skodelice svežega soka pese
- Sadno olivno olje
- 1 čajna žlička belega vinskega kisa
- košer sol; okusiti
- Sveže mleti črni poper; okusiti
- 1¼ funta sveže morske pokrovače
- Nekaj kapljic svežega limoninega soka
- 1 funt mladih listov ohrovta; odstranjeno trdo osrednje jedro
- Nekaj kapljic šerijevega kisa
- Svež drobnjak; narežemo na palčke
- Drobne kocke rumene paprike

NAVODILA:
a) Sok pese dajte v nereaktivno ponev in zavrite, dokler se ne zmanjša na približno ½ skodelice.
b) Z ognja počasi vmešajte 2 do 3 žlice olivnega olja, da se omaka zgosti. Vmešajte beli vinski kis, sol in poper po okusu. Odstavimo in hranimo na toplem.
c) Pokrovače rahlo naolji in začini s soljo, poprom in nekaj kapljicami limoninega soka.
d) Ohrovtove liste premažemo z oljem in rahlo začinimo. Ohrovt pečemo na žaru na obeh straneh, da listi rahlo zoglenejo in se skuhajo.
e) Pokrovače pecite na žaru, dokler niso ravno kuhane (sredina mora biti rahlo neprozorna). Ohrovt privlačno razporedimo na sredino toplih krožnikov in ga pokapamo z nekaj kapljicami šerijevega kisa.
f) Po vrhu položite pokrovače in naokrog prelijte z omako iz pese. Okrasite z drobnjakovimi palčkami in rumeno papriko ter takoj postrezite.

SLADKI KROMPIR

69.Fritata iz sladkega krompirja in špinače

SESTAVINE:
- 1 srednje velik sladki krompir, olupljen in narezan na kocke
- 1 skodelica svežih listov špinače
- 1/2 čebule, narezane na kocke
- 4 jajca
- 1/4 skodelice mleka
- Sol in poper po okusu
- Oljčno olje za kuhanje

NAVODILA:

a) Pečico segrejte na 350°F (175°C).

b) V ponvi, primerni za pečico, na srednjem ognju segrejte olivno olje.

c) V ponev dodajte na kocke narezan sladki krompir in čebulo ter kuhajte, dokler se sladki krompir ne zmehča, približno 8-10 minut.

d) Dodajte liste špinače in kuhajte, dokler ne oveni, približno 2 minuti.

e) V skledi zmešajte jajca, mleko, sol in poper.

f) Jajčno zmes prelijemo čez sladki krompir in špinačo v ponvi.

g) Kuhajte na štedilniku nekaj minut, dokler se robovi ne začnejo strjevati.

h) Ponev prestavimo v predhodno ogreto pečico in pečemo približno 12-15 minut oziroma dokler se fritaja ne strdi na sredini.

i) Odstranite iz pečice in pustite, da se nekoliko ohladi, preden ga narežete in postrežete.

70. Skleda za zajtrk s sladkim krompirjem

SESTAVINE:
- 1 srednje velik sladki krompir, pražen in pire
- 1/2 skodelice grškega jogurta
- 2 žlici medu
- 1/4 skodelice granole
- Sveže jagode za preliv

NAVODILA:
a) V skledi zmešajte pire iz sladkega krompirja, grški jogurt in med.
b) Dobro premešajte, da se poveže.
c) Mešanico sladkega krompirja prelijte z granolo in svežimi jagodami.
d) Skledo za zajtrk s sladkim krompirjem uživajte hladno ali pri sobni temperaturi.

71. Enolončnica za zajtrk s sladkim krompirjem in klobasami

SESTAVINE:
- 2 skodelici kuhanega in pretlačenega sladkega krompirja
- 1 funt klobase za zajtrk, kuhane in zdrobljene
- 1/2 čebule, narezane na kocke
- 1 paprika, narezana na kocke
- 1 skodelica naribanega cheddar sira
- 8 jajc
- 1/2 skodelice mleka
- Sol in poper po okusu

NAVODILA:
a) Pečico segrejte na 350°F (175°C).
b) V pomaščen pekač zložimo pire sladki krompir, kuhano klobaso, na kocke narezano čebulo, na kocke narezano papriko in nastrgan čedar sir.
c) V skledi zmešajte jajca, mleko, sol in poper.
d) Sestavine v pekaču prelijemo z jajčno mešanico.
e) Pečemo približno 30-35 minut oziroma dokler se jajca ne strdijo in vrh zlato rjavo zapeče.
f) Pustite, da se enolončnica ohladi nekaj minut, preden jo narežete in postrežete.

72. Piškoti za zajtrk iz sladkega krompirja

SESTAVINE:
- 1 skodelica kuhanega in pretlačenega sladkega krompirja
- 1/4 skodelice mandljevega masla
- 1/4 skodelice medu
- 1 čajna žlička vanilijevega ekstrakta
- 1 skodelica ovsenih kosmičev
- 1/2 skodelice polnozrnate moke
- 1/2 čajne žličke pecilnega praška
- 1/2 čajne žličke mletega cimeta
- 1/4 čajne žličke soli
- 1/4 skodelice posušenih brusnic ali rozin
- 1/4 skodelice sesekljanih oreščkov (neobvezno)

NAVODILA:
a) Pečico segrejte na 350 °F (175 °C) in obložite pekač s pergamentnim papirjem.
b) V skledi zmešajte pire sladki krompir, mandljevo maslo, med in ekstrakt vanilije. Dobro premešaj.
c) V ločeni skledi zmešajte oves, polnozrnato moko, pecilni prašek, cimet in sol.
d) Dodajte suhe sestavine v mešanico sladkega krompirja in mešajte, dokler se ne povežejo.
e) Po želji dodamo suhe brusnice ali rozine in sesekljane oreščke.
f) Maso za piškote po žlicah polagajte na pripravljen pekač.
g) Pecite približno 12-15 minut oziroma dokler piškoti niso rahlo zlati.
h) Pustite, da se piškoti ohladijo na pekaču, preden jih prestavite na rešetko, da se popolnoma ohladijo.

73. Ponev za zajtrk s sladkim krompirjem in slanino

SESTAVINE:
- 2 srednje velika sladka krompirja, olupljena in narezana na kocke
- 4 rezine slanine, sesekljane
- 1/2 čebule, narezane na kocke
- 1 paprika, narezana na kocke
- 4 jajca
- Sol in poper po okusu

NAVODILA:
a) V ponvi hrustljavo popečemo sesekljano slanino. Odstranite iz ponve in postavite na stran.
b) V isto ponev dodajte na kocke narezan sladki krompir in kuhajte, dokler se ne zmehča, približno 8-10 minut.
c) V ponev dodajte na kocke narezano čebulo in papriko ter kuhajte, dokler se ne zmehčata, približno 3-4 minute.
d) Mešanico sladkega krompirja potisnite na eno stran ponve, na drugo stran pa razbijte jajca.
e) Začinimo s soljo in poprom.
f) Kuhajte, dokler jajca niso pečena po vaših željah in sladki krompir rahlo karameliziran.
g) Po ponvi potresemo kuhano slanino.
h) Ponev za zajtrk s sladkim krompirjem in slanino postrezite vročo.

74. Skleda za smoothie iz sladkega krompirja

SESTAVINE:
- 1 srednje velik sladki krompir, pražen in olupljen
- 1 zamrznjena banana
- 1/2 skodelice grškega jogurta
- 1/2 skodelice mandljevega mleka (ali katerega koli drugega mleka po vaši izbiri)
- 1 žlica medu ali javorjevega sirupa
- Dodatki: narezana banana, granola, kokosovi kosmiči, chia semena

NAVODILA:
a) V mešalniku zmešajte pražen sladki krompir, zamrznjeno banano, grški jogurt, mandljevo mleko in med ali javorjev sirup.
b) Mešajte, dokler ni gladka in kremasta.
c) Smoothie prelijte v skledo in dodajte želene prelive, kot so narezana banana, granola, kokosovi kosmiči in chia semena.
d) Takoj uživajte v skledi smutija iz sladkega krompirja.

75. Burrito skleda za zajtrk s sladkim krompirjem

SESTAVINE:
- 2 srednje velika sladka krompirja, olupljena in narezana na kocke
- 1 žlica olivnega olja
- 1 čajna žlička paprike
- Sol in poper po okusu
- 4 jajca, umešana
- 1 skodelica črnega fižola, opranega in odcejenega
- Salsa ali vroča omaka za serviranje
- Rezine avokada za okras

NAVODILA:
a) Pečico segrejte na 425 °F (220 °C).
b) V pekač stresemo na kocke narezan sladki krompir z oljčnim oljem, papriko, soljo in poprom.
c) Pečemo v pečici približno 20-25 minut oziroma dokler sladki krompir ni mehak in rahlo hrustljav.
d) V skledo v plasteh zložimo pražen sladki krompir, umešana jajca in črni fižol.
e) Prelijemo s salso ali pekočo omako in okrasimo z rezinami avokada.
f) Burrito skledo za zajtrk s sladkim krompirjem postrezite toplo.

76.Ceviche Peruano

SESTAVINE:
- 2 srednje velika krompirja
- po 2 sladka krompirja
- 1 rdeča čebula, narezana na tanke trakove
- 1 skodelica svežega limetinega soka
- ½ narezanega stebla zelene
- ¼ skodelice rahlo zapakiranih listov cilantra
- 1 ščepec mlete kumine
- 1 strok česna, sesekljan
- 1 habanero poper
- 1 ščepec soli in sveže mlet poper
- 1 funt sveže tilapije, narezan na ½ palca
- 1-kilogramska srednja kozica - olupljena,

NAVODILA:

a) Krompir in sladki krompir dajte v ponev in pokrijte z vodo. Narezano čebulo damo v posodo s toplo vodo.

b) Zmešajte zeleno, koriander in kumino ter vmešajte česen in poper habanero. Začinite s soljo in poprom, nato pa vmešajte na kocke narezano tilapijo in kozice

c) Za serviranje olupimo krompir in ga narežemo na rezine. Vmešajte čebulo v mešanico rib. Servirne sklede obložite z listi solate. Ceviche, ki je sestavljen iz soka, naložite v sklede in okrasite z rezinami krompirja.

77. Ocvrtki iz sladkega krompirja z ingverjem

SESTAVINE:
- A; (1/2 funta) sladkega krompirja
- 1½ čajne žličke olupljene sveže ingverjeve korenine
- 2 žlički svežega limoninega soka
- ¼ čajne žličke kosmičev posušene pekoče rdeče paprike
- ¼ čajne žličke soli
- 1 veliko jajce
- 5 žlic večnamenske moke
- Rastlinsko olje za globoko cvrtje

NAVODILA:
a) V sekljalniku na drobno sesekljajte nariban sladki krompir z ingverjem, limoninim sokom, kosmiči rdeče paprike in soljo, dodajte jajce in moko ter dobro premešajte.
b) V veliki ponvi segrejte 1½ cm olja in vanj dajajte žlice mešanice sladkega krompirja, dokler ne postanejo zlate barve.
c) Ocvrtke prestavimo na papirnate brisače, da se odcedijo.

78.Sladki krompirjevi marshmallow grižljaji

SESTAVINE:
- 4 sladki krompir, olupljen in narezan
- 2 žlici stopljenega rastlinskega masla
- 1 čajna žlička javorjevega sirupa
- Košer sol
- 10-unčna vrečka marshmallowa
- ½ skodelice polovic orehov orehov

NAVODILA:
a) Pečico segrejte na 400 stopinj Fahrenheita.
b) Na pekač stresite sladki krompir s stopljenim rastlinskim maslom in javorjevim sirupom ter ga razporedite v enakomerno plast. Začinimo s soljo in poprom.
c) Pečemo do mehkega, približno 20 minut, na polovici obrnemo. Odstrani.
d) potresemo z marshmallowom in pražimo 5 minut .
e) Takoj postrezite s polovico pekan orehov na vrhu vsakega marshmallowa.

79. Polnjen sladki krompir

SESTAVINE:
- 1 skodelica vode
- 1 sladki krompir
- 1 žlica čistega javorjevega sirupa
- 1 žlica mandljevega masla
- 1 žlica sesekljanih pekanov
- 2 žlici borovnic
- 1 čajna žlička chia semen
- 1 čajna žlička karijeve paste

NAVODILA:
a) V svoj instant lonec dodajte eno skodelico vode in rešetko za soparnik.
b) Zaprite pokrov in položite sladki krompir na rešetko ter se prepričajte, da je sprostitveni ventil v pravilnem položaju.
c) Instant lonec 15 minut ročno segrevajte na visok pritisk. Trajalo bo nekaj minut, da se pritisk poveča.
d) Ko se časovnik izklopi, pustite, da se tlak naravno zniža 10 minut. Za sprostitev morebitnega preostalega tlaka obrnite sprostitveni ventil.
e) Ko plavajoči ventil pade, sladki krompir odstranite tako, da odprete pokrov.
f) Ko se sladki krompir dovolj ohladi, ga prerežite na pol in meso pretlačite z vilicami.
g) Potresemo z orehi orehi, borovnicami in chia semeni, nato pa pokapamo z javorjevim sirupom in mandljevim maslom.

80.Tempura sladki krompir

SESTAVINE:
- 2 srednje velika sladka krompirja
- Rastlinsko olje, za cvrtje
- 1 skodelica večnamenske moke
- ¼ skodelice koruznega škroba
- ½ čajne žličke soli
- 1 skodelica ledeno mrzle vode
- Omaka za namakanje po vaši izbiri (npr. sojina omaka, ponzu omaka ali sladka čili omaka)

NAVODILA:
a) Sladki krompir olupimo in narežemo na tanke rezine ali šibice. Za nekaj minut jih namočimo v hladno vodo, da odstranimo odvečni škrob. Odcedite in posušite s papirnato brisačo.
b) V cvrtniku ali velikem loncu segrejte rastlinsko olje na približno 350 °F (175 °C).
c) V skledi za mešanje zmešajte večnamensko moko, koruzni škrob in sol. Postopoma dodajte ledeno mrzlo vodo in nežno mešajte, dokler ne dobite gladke konsistence testa. Pazite, da ne premešate; v redu je, če je nekaj grudic.
d) Vsako rezino sladkega krompirja ali vžigalico pomočite v testo za tempuro in zagotovite, da je enakomerno prevlečeno. Pustite, da odvečno testo odteče, preden jih previdno položite v vroče olje.
e) Sladki krompir cvrete v serijah in pazite, da ne prenatrpate cvrtnika ali lonca. Kuhamo jih približno 2-3 minute oziroma dokler testo za tempuro ne postane zlato in hrustljavo. Odstranite jih iz olja z žlico z režami ali kleščami in jih prenesite na krožnik, obložen s papirnatimi brisačkami, da vpijejo odvečno olje.
f) Postopek ponavljamo s preostalim sladkim krompirjem, dokler ni ves kuhan.
g) Sladki krompir tempura postrezite vroč z omako za namakanje po vaši izbiri. Nastanejo okusna in hrustljava predjed ali pa jih postrežemo kot prilogo k glavni jedi.

81. Puran in tempura iz sladkega krompirja

SESTAVINE:
- 2 puranja kotleta, narezana na tanke rezine
- 1 majhen sladki krompir, olupljen in na tanke rezine narezan
- 1 skodelica večnamenske moke
- ¼ skodelice koruznega škroba
- ¼ čajne žličke pecilnega praška
- ¼ čajne žličke soli
- 1 skodelica ledeno mrzle vode
- Rastlinsko olje za cvrtje
- Medeno gorčična omaka ali vaša najljubša omaka za namakanje za serviranje

NAVODILA:
a) Puranje kotlete in sladki krompir narežemo na tanke trakove.
b) V skledi zmešajte moko, koruzni škrob, pecilni prašek in sol.
c) Postopoma dodajte ledeno mrzlo vodo k suhim sestavinam in mešajte, dokler testo ni gladko s grudicami.
d) V cvrtniku ali velikem loncu segrejte rastlinsko olje na 180 °C (360 °F).
e) Vsak puranji trak in rezino sladkega krompirja pomočite v testo in ju enakomerno premažite.
f) Na segreto olje previdno položimo oluščenega purana in sladki krompir ter zlato rjavo pražimo in ju enkrat obrnemo za enakomerno pečenje.
g) Ocvrtega purana in sladki krompir z žlico z režami poberemo iz olja in ju prestavimo na krožnik, obložen s papirnato brisačo, da odteče odvečno olje.
h) Postrezite puranje in sladko krompirjevo tempuro z medeno gorčično omako ali vašo najljubšo omako za namakanje za okusno kombinacijo okusov.

82. Nachos iz sladkega krompirja

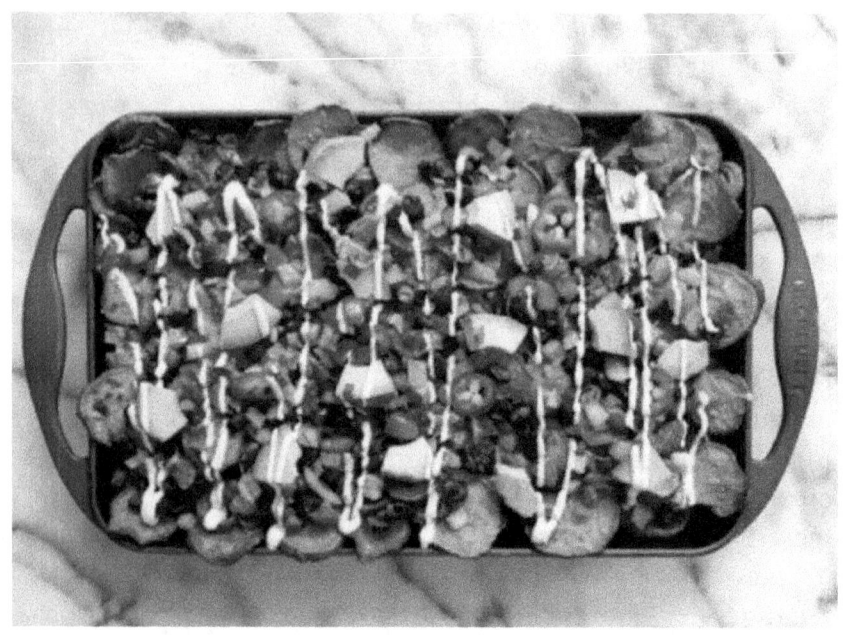

SESTAVINE:
- 1 žlica olivnega olja
- ⅓ skodelice sesekljanega paradižnika
- ⅓ skodelice sesekljanega avokada
- 1 čajna žlička čilija v prahu
- 1 čajna žlička česna v prahu
- 3 sladki krompirji
- 1½ čajne žličke paprike
- ⅓ skodelice manj mastnega naribanega sira Cheddar

NAVODILA:
a) Pečico segrejte na 425 stopinj Fahrenheita. Pekače premažite s pršilom za kuhanje proti prijemanju in jih pokrijte s folijo.
b) Olupite in tanko narežite sladki krompir na 14-palčne kroge.
c) Kroglice potresemo z oljčnim oljem, čilijem v prahu, česnom v prahu in papriko.
d) Enako razporedite po predhodno segreti ponvi in pecite 25 minut, na polovici časa pečenja obrnite, dokler ne postane hrustljavo.
e) Odstranite ponev iz pečice in sladki krompir obložite s fižolom in sirom.
f) Pečemo še 2 minuti, dokler se sir ne stopi.
g) Vmešajte paradižnik in avokado. Postrezite.

83. čips iz sladkega krompirja

SESTAVINE:
- 2 velika sladka krompirja
- 2 žlici olivnega olja
- Sol in poper po okusu

NAVODILA:
a) Pečico segrejte na 375 °F (190 °C).
b) Operite in olupite sladki krompir. Z rezalnikom za mandoline ali ostrim nožem jih narežite na tanke rezine.
c) V veliki skledi premešajte rezine sladkega krompirja z oljčnim oljem, soljo in poprom, dokler niso enakomerno prekrite.
d) Rezine v eni plasti razporedite po pekaču, obloženem s peki papirjem.
e) Pecite 15-20 minut, čips do polovice obrnite, dokler ni hrustljav in rahlo porjavel.
f) Odstranite iz pečice in pustite, da se čips ohladi, preden ga postrežete.

84. Čips iz sladkega krompirja s curryjem

SESTAVINE:
- 2 velika sladka krompirja
- 2 žlici olivnega olja
- 1 čajna žlička karija v prahu
- ½ čajne žličke soli
- ¼ čajne žličke mlete kurkume
- ¼ čajne žličke mlete kumine

NAVODILA:
a) Pečico segrejte na 375 °F (190 °C).
b) Operite in olupite sladki krompir. Z rezalnikom za mandoline ali ostrim nožem jih narežite na tanke rezine.
c) V skledi premešajte rezine sladkega krompirja z oljčnim oljem, karijem, soljo, kurkumo in kumino, dokler niso dobro prekrite.
d) Rezine v eni plasti razporedite po pekaču, obloženem s peki papirjem.
e) Pecite 15-20 minut, čips do polovice obrnite, dokler ni hrustljav in rahlo porjavel.
f) Odstranite iz pečice in pustite, da se čips ohladi, preden ga postrežete.

85. Bbq sladki krompirjevi čipsi

SESTAVINE:
- 2 srednje velika sladka krompirja
- 2 žlici olivnega olja
- 1 žlica začimbe za žar
- ½ čajne žličke soli

NAVODILA:
a) Pečico segrejte na 375 °F (190 °C).
b) Operite in olupite sladki krompir.
c) Sladki krompir na tanko narežite z rezalnikom za mandoline ali ostrim nožem.
d) V skledi zmešajte oljčno olje, začimbe za žar in sol.
e) Rezine sladkega krompirja stresite v mešanico, dokler niso dobro prekrite.
f) Rezine sladkega krompirja razporedimo po pekaču, obloženem s peki papirjem.
g) Pečemo 15-20 minut oziroma dokler niso hrustljavi in rahlo karamelizirani.
h) Pred serviranjem naj se čips ohladi.

86. Kroglice sladkega krompirja

SESTAVINE:
- Sol in poper
- ½ pečenega sladkega krompirja, narezanega
- 2 jajci
- ½ skodelice zelenjave po izbiri: mikrozelenje, rukola, špinača ali drugo
- EVOO

NAVODILA:
a) ¾ zelenja položimo na krožnik in ga rahlo pokapljamo z oljčnim oljem in ščepcem soli.
b) Ponev ali rešetko segrejte na srednji vročini.
c) Dodamo olivno olje, nato pa v ponev položimo rezine sladkega krompirja.
d) Začinimo s soljo in poprom.
e) Kuhajte, dokler dno ne porjavi, nato obrnite.
f) Rezine sladkega krompirja vzemite iz ponve in jih razporedite po predhodno kuhani zelenici.
g) V ponev razbijte dve jajci.
h) Začinimo jih z malo soli in popra.
i) Dodajte jajca kuhanim sladkim krompirjem na vrhu.
j) Jed okrasite s prihranjenim zelenjem.

87.Puranji drsniki s sladkim krompirjem

SESTAVINE:
- 4 trakovi dimljene slanine iz jabolčnega lesa, drobno narezani
- 1 funt mletega purana
- ½ skodelice panko drobtin
- 2 veliki jajci
- ½ skodelice naribanega parmezana
- 4 žlice sesekljanega svežega cilantra
- 1 čajna žlička posušene bazilike
- ½ čajne žličke mlete kumine
- 1 žlica sojine omake
- 2 velika sladka krompirja
- Nastrgan sir Colby-Monterey Jack

NAVODILA:
a) V veliki ponvi kuhajte slanino na srednjem ognju, dokler ni hrustljava; odcedite na papirnatih brisačah. Zavrzite vse kapljice razen 2 žlic. Ponev odstavite. Kombinirajte slanino z naslednjimi 8 sestavinami, dokler niso dobro premešane; pokrijte in ohladite vsaj 30 minut.

b) Pečico segrejte na 425°. Sladki krompir narežite na 20 rezin, debelih približno ½ in. Rezine položite na nenamaščen pekač; pecite, dokler sladki krompir ni mehak, a ne kašast, 30-35 minut. Odstranite rezine; ohladite na rešetki.

c) Segrejte ponev s pridržanimi kapljicami na srednje močnem ognju. Puranje mešanico oblikujte v polpetke v velikosti drsnika. Drsnike pečemo v serijah, 3-4 minute na vsaki strani, pri čemer pazimo, da ne napolnimo ponve. Po prvem obračanju vsakega drsnika dodajte ščepec naribanega čedarja. Kuhajte, dokler termometer ne pokaže 165° in dokler ne steče sok.

d) Za postrežbo položite vsak drsnik na rezino sladkega krompirja; namažite z medeno dijonsko gorčico. Pokrijte z drugo rezino sladkega krompirja.

e) Prebodemo z zobotrebcem.

88. Tinga takosi iz sladkega krompirja in korenja

SESTAVINE:
- ¼ skodelice vode
- 1 skodelica tanko narezane bele čebule
- 3 stroki česna, sesekljani
- 2 ½ skodelice naribanega sladkega krompirja
- 1 skodelica naribanega korenja
- 1 pločevinka (14 unč) na kocke narezanega paradižnika
- 1 čajna žlička mehiškega origana
- 2 papriki Chipotle v adobo
- ½ skodelice zelenjavne juhe
- 1 Avokado, narezan
- 8 tortilj

NAVODILA:
a) V veliki ponvi na srednjem ognju dodajte vodo in čebulo ter kuhajte 3-4 minute, dokler čebula ne postekleni in se zmehča. Dodamo česen in še naprej kuhamo, mešamo 1 minuto.
b) V ponev dodajte sladki krompir in korenček ter med pogostim mešanjem kuhajte 5 minut.

OMAKA:
c) Na kocke narezan paradižnik, zelenjavno osnovo, origano in papriko dajte v mešalnik in jih pretlačite do gladkega.
d) V ponev dodajte čipotle-paradižnikovo omako in med občasnim mešanjem kuhajte 10-12 minut, dokler se sladki krompir in korenje ne skuhata. Po potrebi v ponev dolijemo še zelenjavno osnovo.
e) Postrezite na toplih tortiljah in na vrh položite rezine avokada.

89. Mesne kroglice iz leče in riža

SESTAVINE:
- ¾ skodelice Leča
- 1 Sladki krompir
- 10 Listi sveže špinače
- 1 skodelica Sveže gobe, sesekljane
- ¾ skodelice mandljeva moka
- 1 čajna žlička Pehtran
- 1 čajna žlička Česen v prahu
- 1 čajna žlička Peteršiljevi kosmiči
- ¾ skodelice Dolgozrnati riž

NAVODILA:
a) Skuhajte riž, dokler ni kuhan in rahlo lepljiv, lečo pa do mehkega. Rahlo ohladimo.
b) Olupljen sladki krompir drobno nasekljamo in skuhamo do mehkega. Rahlo ohladimo.
c) Liste špinače je treba sprati in drobno narezati.
d) Zmešajte vse sestavine in začimbe ter dodajte sol in poper po okusu.
e) Ohladite v hladilniku 15-30 min.
f) Oblikujte mesne kroglice in jih prepražite v ponvi ali na zelenjavnem žaru.
g) Poskrbite, da boste pekač namastili ali popršili s Pam, saj se te mesne kroglice rade sprimejo.

90. Enolončnica iz sladkega krompirja Marshmallow

SESTAVINE:
- 4 ½ funtov sladkega krompirja
- 1 skodelica granuliranega sladkorja
- ½ skodelice zmehčanega veganskega masla
- ¼ skodelice rastlinskega mleka
- 1 čajna žlička vanilijevega ekstrakta
- ¼ čajne žličke soli
- 1 ¼ skodelice žitnih koruznih kosmičev, zdrobljenih
- ¼ skodelice sesekljanih pekanov
- 1 žlica rjavega sladkorja
- 1 žlica veganskega masla, stopljenega
- 1½ skodelice miniaturnega marshmallowa

NAVODILA:
a) Pečico segrejte na 425 stopinj Fahrenheita.
b) Pecite sladki krompir 1 uro ali dokler ni mehak.
c) Sladki krompir prerežite na pol in izdolbite notranjost v posodo za mešanje.
d) Z električnim mešalnikom stepite pire iz sladkega krompirja, granulirani sladkor in naslednjih 5 sestavin do gladkega.
e) Krompirjevo zmes z žlico položite v namaščen pekač velikosti 11 x 7 palcev.
f) V skledi za mešanje zmešajte koruzne kosmiče in naslednje tri sestavine.
g) Potresemo v diagonalnih vrstah 2 cm narazen po jedi.
h) Pečemo 30 minut .
i) V med vrstice koruznih kosmičev potresemo marshmallows; pečemo 10 minut.

91. Enolončnica iz sladkega krompirja iz koruznih kosmičev

SESTAVINE:
- 2 jajci
- 3 skodelice pire sladkega krompirja
- 1 skodelica sladkorja
- ½ skodelice masla, stopljenega
- ⅓ skodelice mleka
- 1 čajna žlička vanilijevega ekstrakta

PRELIV:
- 3 skodelice koruznih kosmičev
- ⅔ skodelice masla, stopljenega
- 1 skodelica pakiranega rjavega sladkorja
- ½ skodelice sesekljanih orehov
- ½ skodelice rozin

NAVODILA:
a) V veliki skledi stepite jajca, nato dodajte naslednjih 5 sestavin in dobro premešajte.
b) Zajemajte v nenamaščen pekač 13"x9". Sestavine za preliv zmešamo in potresemo po krompirju.
c) Pečemo pri 350 stopinjah približno 30 do 40 minut.

92. Fižol, prosena štruca s sladkim krompirjem

SESTAVINE:
- 1 skodelica sesekljanih gob
- 1 žlica olja
- 1 skodelica na kocke narezanega sladkega krompirja
- Voda, če je potrebno
- ½ skodelice svilenega tofuja
- 2 žlici salse (neobvezno)
- 2 žlici krompirjevega škroba
- 15-unčna pločevinka rdečega fižola, odcejena in splaknjena
- ½ skodelice kuhanega prosa
- 1 skodelica rženega kruha, narezanega na majhne kocke
- ½ skodelice odmrznjene koruze ali koruze, sveže postrgane s storža
- 1 čajna žlička sesekljanega rožmarina
- ½ čajne žličke soli
- ½ skodelice opečenih, drobno sesekljanih oreščkov, katera koli sorta (neobvezno)

NAVODILA:
a) Segrejte težko ponev na srednje močnem ognju. Dodamo gobe in na suho pražimo, da spustijo sok. Zmanjšajte toploto.

b) Dodamo olje in sladki krompir, pokrijemo in kuhamo toliko časa, da se sladki krompir zmehča.

c) Po potrebi dodamo malo vode, da se krompir ne sprime. Ko so krompir in gobe pripravljeni, odstranite približno ½ skodelice in zmešajte s tofujem, salso in krompirjevim škrobom. Dobro premešaj. Dati na stran.

d) Pečico segrejte na 350 stopinj. Pekač obložimo s peki papirjem. V veliki skledi za mešanje zmešajte rdeči fižol, proso in rženi kruh ter jih pretlačite, dokler se ne zmešajo.

e) Vmešajte mešanico tofuja, koruze, rožmarina, soli in oreščkov.

f) Dobro premešaj. Polovico te mešanice razporedite po pekaču.

g) Čez plast položimo preostale gobe in sladki krompir, nato pa po vrhu razporedimo preostalo mešanico fižola in prosa. Pogladite. Pečemo 45 minut.

h) Odstranite iz pečice in obrnite na hladilno stojalo, da se ohladi.

93. Njoki iz sladkega krompirja s pestom iz rukole

SESTAVINE:
- 2 velika sladka krompirja, pečena in olupljena
- 2 skodelici večnamenske moke, plus dodatek za posip
- 1 čajna žlička soli
- ½ čajne žličke mletega črnega popra
- ¼ čajne žličke mletega muškatnega oreščka
- 2 skodelici svežih listov rukole (rukole).
- ½ skodelice naribanega parmezana
- ¼ skodelice pinjol
- 2 stroka česna, nasekljana
- ½ skodelice ekstra deviškega oljčnega olja
- Sol in poper po okusu

NAVODILA:
a) Pečen sladki krompir v veliki skledi pretlačimo do gladkega.
b) V ločeni skledi zmešajte večnamensko moko, sol, mleti črni poper in mleti muškatni oreščet.
c) Postopoma dodajte mešanico moke v pire iz sladkega krompirja in dobro premešajte, dokler ne nastane mehko testo. Če je testo preveč lepljivo, dodamo še malo moke.
d) Testo prestavimo na rahlo pomokano površino in ga nežno gnetemo nekaj minut, dokler ni gladko.
e) Testo razdelite na majhne porcije. Vsak del razvaljajte v obliko vrvi s premerom približno ½ palca.
f) Vrvi narežite na majhne koščke, dolge približno 1 cm, da oblikujete njoke. Po želji z vilicami naredite robove na vsakem kosu.
g) Velik lonec osoljene vode zavremo. Dodamo njoke iz sladkega krompirja in jih kuhamo toliko časa, da priplavajo na površje. To naj traja približno 2-3 minute. Njoke odstranimo z žlico z režami in jih odstavimo.
h) V kuhinjskem robotu zmešajte sveže liste rukole, nariban parmezan, pinjole, mlet česen in ekstra deviško oljčno olje. Procesirajte, dokler mešanica ne oblikuje gladkega pesta. Začinimo s soljo in poprom po okusu.

i) V veliki ponvi na srednjem ognju segrejte nekaj oljčnega olja. Dodajte kuhane njoke iz sladkega krompirja in jih stresite v ponev, dokler niso dobro obloženi in segreti.

j) Njoke iz sladkega krompirja postrezite s pestom iz rukole, tako da njoke pokapate s pestom ali postrežete ob strani. Uživajte v okusni kombinaciji njokov iz sladkega krompirja in okusnega pesta iz rukole.

94. Njoki iz kostanja in sladkega krompirja

SESTAVINE:
NJOKI
- 1 + ½ skodelice praženega sladkega krompirja
- ½ skodelice kostanjeve moke
- ½ skodelice rikote iz polnomastnega mleka
- 2 žlički košer soli
- ½ skodelice moke brez glutena
- Beli poper po okusu
- Dimljena paprika po okusu

GOBA & KOSTANJ RAGU
- 1 skodelica gobe, narezana na 4
- 2-3 gobe portobello, narezane na tanke trakove
- 1 pladenj gob shimeji (belih ali rjavih)
- ⅓ skodelice kostanja, narezanega na kocke
- 2 žlici masla
- 2 šalotki, drobno sesekljani
- 2 stroka česna, drobno sesekljana
- 1 čajna žlička paradižnikove paste
- Belo vino (po okusu)
- Košer sol (po okusu)
- 2 žlici svežega žajblja, drobno sesekljanega
- Peteršilj po okusu

KONČATI
- 2 žlici oljčnega olja
- Parmezan (po okusu)

NAVODILA:
NJOKI
a) Pečico segrejte na 380 stopinj.
b) Sladki krompir povsod prebodemo z vilicami.
c) Sladki krompir položite na obrobljen pekač in ga pecite približno 30 minut ali dokler se ne zmehča. Malo ohladimo.
d) Olupite sladki krompir in ga prestavite v kuhinjski robot. Pire do gladkega.

e) V veliki skledi zmešajte dr sestavine (kostanjevo moko, sol, brezglutensko moko, beli poper in dimljeno papriko) in jih pustite ob strani.

f) Pire sladkega krompirja prenesite v veliko skledo. Dodajte rikoto in dodajte ¾ posušene mešanice. Testo prenesite na močno pomokano delovno površino in nežno gnetite z več moke, dokler se testo ne združi, vendar je še vedno zelo mehko.

g) Testo razdelite na 6-8 kosov in vsak kos razvaljajte v 1 cm debelo vrv.

h) Vrvi narežite na 1-palčne dolžine in vsak kos posujte z moko brez glutena.

i) Vsak njok razvaljajte ob konicah pomokanih vilic, da naredite majhne vdolbine.

j) Hranite ga na pladnju v hladilniku, dokler ga niste pripravljeni uporabiti.

GOBA & KOSTANJ RAGU

k) V vroči ponvi raztopimo maslo in dodamo ščepec soli.

l) Dodajte šalotko, česen in žajbelj ter pražite 10 minut, dokler šalotka ne postekleni.

m) Dodamo vse gobe in jih med stalnim mešanjem pražimo na močnem ognju.

n) Dodajte paradižnikovo pasto in belo vino ter pustite, da se zgosti, dokler gobe niso mehke in mehke.

o) Ragu po vrhu potresemo s svežim sesekljanim peteršiljem in narezanim kostanjem. Dati na stran.

KONČATI

p) Velik lonec osoljene vode zavremo. Dodajte njoke iz sladkega krompirja in kuhajte, dokler ne priplavajo na površje, približno 3-4 minute.

q) Z rešetkasto žlico preložimo njoke na velik krožnik. Ponovite s preostalimi njoki.

r) V veliki ponvi stopite 2 žlici olivnega olja.

s) Med nežnim mešanjem dodajte njoke, dokler njoki ne karamelizirajo.

t) Dodamo gobo Ragu in dodamo nekaj žlic vode za njoke.

u) Nežno premešajte in pustite kuhati 2-3 minute na močnem ognju.

v) Postrezite s posipom s parmezanom na vrhu.

95. Njoki iz sladkega krompirja in korenja

SESTAVINE:
- 1 velik sladki krompir, pečen in olupljen
- 1 večji korenček, kuhan in olupljen
- 2 skodelici večnamenske moke, plus dodatek za posip
- ½ čajne žličke soli
- ¼ čajne žličke mletega cimeta
- ¼ čajne žličke mletega muškatnega oreščka
- ¼ čajne žličke mletega ingverja
- Maslo ali oljčno olje za kuhanje
- Listi svežega žajblja za okras

NAVODILA:

a) V veliki skledi pretlačimo pečen sladki krompir in kuhan korenček do gladkega.

b) V ločeni skledi zmešajte večnamensko moko, sol, mleti cimet, mleti muškatni orešček in mleti ingver.

c) Mešanico moke postopoma dodajajte pireju iz sladkega krompirja in korena ter dobro mešajte, dokler ne nastane mehko testo. Če je testo preveč lepljivo, dodamo še malo moke.

d) Testo prestavimo na rahlo pomokano površino in ga nežno gnetemo nekaj minut, dokler ni gladko.

e) Testo razdelite na majhne porcije. Vsak del razvaljajte v obliko vrvi s premerom približno ½ palca.

f) Vrvi narežite na majhne koščke, dolge približno 1 cm, da oblikujete njoke. Po želji z vilicami naredite robove na vsakem kosu.

g) Velik lonec osoljene vode zavremo. Dodamo sladki krompir in korenčkove njoke ter jih kuhamo toliko časa, da priplavajo na površje. To naj traja približno 2-3 minute. Njoke odstranimo z žlico z režami in jih odstavimo.

h) V ločeni ponvi na srednjem ognju segrejte nekaj masla ali oljčnega olja. Dodamo kuhane njoke iz sladkega krompirja in korenja ter jih pražimo, da rahlo porjavijo in postanejo hrustljavi.

i) Njoke iz sladkega krompirja in korena pred serviranjem okrasite s svežimi listi žajblja.

JERUZALEMSKA ARTIČOKA

96. Vegetarijanski karpačo

SESTAVINE:
- 3 rdeče pese v različnih barvah; roza, rumena in bela
- 2 korenčka v različnih barvah; rumeno in vijolično
- 2 jeruzalemski artičoki
- 4 redkvice
- 1 repa
- ¼ skodelice olivnega olja
- 4 žlice vinskega kisa
- 1 rezina kruha, narezana na kocke
- 2 žlici pinjol
- 1 žlica bučnih semen
- 2 žlici orehovega olja
- 1 pest zelene solate
- morska sol
- sveže mlet črni poper

NAVODILA :

a) Operite vso zelenjavo. Z mandolino narežemo na zelo tanke rezine.
b) Damo v skledo, prilijemo kis in olivno olje ter nežno premešamo s prsti.
c) Pustimo stati eno uro.
d) V suhi ponvi med stalnim mešanjem popečemo kruhke s pinjolami in bučnimi semeni.
e) Zelenjavo razporedite po krožniku in jo okrasite s krutoni in semeni.
f) Potresemo z oljem iz orehov, solimo in popramo.
g) Okrasite z listi zelene solate.

97. Jeruzalemske artičoke z granatnim jabolkom

SESTAVINE:
- 500 g topinamburja
- 3 žlice ekstra deviškega oljčnega olja
- 1 čajna žlička semen nigelle
- 2 žlici pinjol
- 1 žlica medu
- 1 granatno jabolko, prepolovljeno po dolžini
- 3 žlice melase iz granatnega jabolka
- 3 žlice fete, zdrobljene
- 2 žlici sesekljanega ploščatega peteršilja
- Sol in črni poper

NAVODILA:

a) Pečico segrejte na 200C/400F/plinsko oznako 6. Artičoke dobro ostrgajte in jih nato razpolovite ali razčetverite, odvisno od velikosti. V enem sloju jih zložimo na velik pekač in pokapljamo z 2 žlicama olja. Dobro začinite s soljo in poprom ter nato potresite s semeni nigelle. Pečemo 20 minut ali dokler robovi niso hrustljavi. Zadnje 4 minute kuhanja artičokam dodajte pinjole in med.

b) Medtem olupite semena granatnega jabolka. Z veliko skledo in težko leseno žlico udarjajte po strani vsakega razpolovljenega granatnega jabolka, dokler ne poskočijo vsa semena. Odstranite morebitno jedro. Sok nalijte v manjšo skledo in dodajte sirup granatnega jabolka ter preostalo olivno olje. Mešajte skupaj, dokler se ne združi.

c) Ko so artičoke in pinjole pripravljene, jih naložite na servirni krožnik s semeni. Vse skupaj prelijemo s prelivom in za serviranje potresemo s feto in peteršiljem.

98.Koktajl Artičoke Cilantro

SESTAVINE:
- 4 jeruzalemske artičoke
- 1 šopek svežega cilantra, približno 1 skodelica
- 4 velike redkvice, z repom in obrezane
- 3 srednje veliki korenčki, narezani

NAVODILA:
a) Predelajte topinambur eno za drugo v elektronskem sokovniku v skladu z navodili proizvajalca.
b) Cilantro zvijte v kroglico, da jo stisnete in dodate.
c) Dodamo redkvice in korenje.
d) Sok temeljito premešajte, da se poveže in po želji postrezite z ledom.

99. Pečen piščanec s topinamburjem

SESTAVINE :
- 1 lb / 450 g topinamburja, olupljenega in po dolžini narezanega na 6 rezin ⅔ palca / 1,5 cm debelih
- 3 žlice sveže iztisnjenega limoninega soka
- 8 piščančjih stegen s kožo in kostmi ali 1 srednje velik cel piščanec, narezan na četrtine
- 12 banan ali drugih večjih šalotk, po dolžini prepolovljenih
- 12 velikih strokov česna, narezanih
- 1 srednja limona, prepolovljena po dolžini in nato zelo tanko narezana
- 1 žlička žafranove niti
- 3½ žlice / 50 ml oljčnega olja
- ¾ skodelice / 150 ml hladne vode
- 1¼ žličke rožnatega popra, rahlo zdrobljenega
- ¼ skodelice / 10 g svežih listov timijana
- 1 skodelica / 40 g listov pehtrana, sesekljanih
- 2 žlički soli
- ½ žličke sveže mletega črnega popra

NAVODILA :
a) Topinambur dajte v srednje veliko ponev, prelijte z veliko vode in dodajte polovico limoninega soka. Zavremo, zmanjšamo ogenj in pustimo vreti 10 do 20 minut, dokler se ne zmehča. Odcedite in pustite, da se ohladi.
b) Topinambur in vse preostale sestavine, razen preostalega limoninega soka in polovice pehtrana, dajte v večjo skledo mešalnika in z rokami vse dobro premešajte. Pokrijte in pustite marinirati v hladilniku čez noč ali vsaj 2 uri.
c) Pečico segrejte na 475°F / 240°C. Kose piščanca razporedite s kožo navzgor na sredino pekača in okoli piščanca razporedite preostale sestavine. Pražimo 30 minut. Ponev pokrijemo z aluminijasto folijo in kuhamo še 15 minut. Na tej točki mora biti piščanec popolnoma kuhan. Odstranite iz pečice in dodajte prihranjen pehtran in limonin sok. Dobro premešamo, okusimo in po potrebi dodamo še sol. Postrezite takoj.

100. Lazanja iz špinače in sladkega krompirja

SESTAVINE:
- 2 do 3 veliki sladki krompirji (približno 2 funta), olupljeni in narezani na ½-palčne kroge
- 2 veliki glavici cvetače, narezani na cvetove
- ¼ skodelice pinjol, opečenih
- Nesladkano navadno mandljevo mleko, po potrebi
- 3 žlice prehranskega kvasa, po želji
- ½ čajne žličke muškatnega oreščka
- 1½ čajne žličke soli
- 1 velika rumena čebula, olupljena in na majhne kocke narezana
- 4 stroki česna, olupljeni in nasekljani
- 1 žlica mletega timijana
- ½ skodelice drobno sesekljane bazilike
- 12 skodelic špinače (približno 2 funta)
- Sol in sveže mlet črni poper po okusu
- 12 unč rezancev za lazanjo iz polnozrnate moke ali topinamburja, kuhanih v skladu z navodili na embalaži, odcejenih in opranih, dokler se ne ohladijo

NAVODILA:

a) Sladki krompir položite v dvojni kotel ali košaro za kuhanje na pari in kuhajte na pari 6 minut ali dokler se ne zmehča, vendar ne postane kašasta. Sperite, dokler se ne ohladi, nato odcedite in postavite na stran.

b) Cvetačo kuhajte na pari 6 do 8 minut, dokler ni zelo mehka. Cvetačo in pinjole zmešajte v mešalniku, po potrebi v serijah, ter pretlačite v gladek in kremast pire, po potrebi dodajte mandljevo mleko. Dodajte pire v veliko skledo in vmešajte prehranski kvas (če ga uporabljate), muškatni oreščk in sol. Dati na stran.

c) Čebulo dajte v veliko ponev in jo na srednjem ognju pražite 10 minut. Dodajte vodo po 1 do 2 žlici naenkrat, da se ne prime na ponev.

d) Dodajte česen, timijan, baziliko in špinačo ter kuhajte 4 do 5 minut ali dokler špinača ne oveni. Dodamo v cvetačni pire in dobro premešamo. Dodatno začinite s soljo in poprom.

e) Pečico segrejte na 350°F.

f) Za sestavljanje lazanje nalijte 1 skodelico mešanice cvetače na dno pekača velikosti 9 × 13 palcev. Dodajte plast rezancev za lazanjo. Na rezance položite plast sladkega krompirja.

g) Po sladkem krompirju prelijte 1½ skodelice mešanice cvetače. Na vrh položite še eno plast rezancev, ki ji sledi plast sladkega krompirja.

h) Dodamo še eno plast mešanice cvetače. Na vrh položite zadnjo plast rezancev in preostalo cvetačno omako. Pokrijte z aluminijasto folijo in pecite 30 minut.

i) Odkrijte in pecite še 15 minut ali dokler enolončnica ni vroča in mehurčkasta. Pred serviranjem pustite stati 15 minut.

ZAKLJUČEK

Ko zaključujemo naše kulinarično popotovanje po "KUHARSKA KNJIGA S KORENKAMI", upamo, da ste izkusili veselje obvladovanja umetnosti kuhanja korenaste zelenjave. Vsak recept na teh straneh je praznovanje zemeljskih okusov, prehranskega bogastva in kulinarične vsestranskosti, ki jo korenasta zelenjava prinaša na vašo mizo – dokaz kulinaričnih možnosti, ki se skrivajo pod površjem.

Ne glede na to, ali ste uživali v preprostosti pražene korenaste zelenjave, sprejeli ustvarjalnost inovativnih jedi ali raziskovali prehranske prednosti različnih korenin, verjamemo, da so ti recepti podžgali vašo strast do kuhanja s korenasto zelenjavo. Poleg sestavin in tehnik naj koncept obvladovanja kulinarike s korenasto zelenjavo postane vir navdiha, ustvarjalnosti in praznovanja darovosti narave.

Ko nadaljujete z raziskovanjem kulinaričnega potenciala korenaste zelenjave, naj bo "KUHARSKA KNJIGA S KORENKAMI" vaš zaupanja vreden spremljevalec, ki vas bo vodil skozi različne recepte, ki prikazujejo bogastvo in vsestranskost teh podzemnih zakladov. Tukaj je, da uživate v zemeljskih dobrotah, ustvarjate okusne obroke in slavite bistveno vlogo korenaste zelenjave v vašem kulinaričnem repertoarju.

DOBER TEK!

www.ingramcontent.com/pod-product-compliance
Lightning Source LLC
Chambersburg PA
CBHW071325110526
44591CB00010B/1026